KB264902

正本
解說

머 리 말

천자문(千字文)은 중국 양(梁)나라 때의 사람 주홍사(周興嗣)가 엮은 것입니다.

주홍사는 양무제(梁武帝) 때의 사람으로 무제의 명에 의하여 단 하루 동안에 이 〈천자문〉을 지었다는데, 이는 일천 자의 각각 다른 글자로 지은 4언 고시(四言古詩) 2백 50구(句)로 이루어져 있습니다.

주홍사가 얼마나 고심하며 정성을 다했던지 천자문을 다 짓고 나자 하루 동안에 머리가 백발이 되었다고 전해지고 있으며, 이로 인해서 후세 사람들은 천자문을 백수문(白首文)이라 부르기도 하였습니다.

천자문이 우리나라에 전해진 연대는 확실하지는 않으나, 백제(百濟) 때의 왕인(王仁) 박사가 〈논어(論語)〉와 함께 〈천자문〉을 일본에 전했다는 기록이 있는 것으로 보아, 이보다 훨씬 이전에 이미 우리나라에 전래되어 활용되었음을 알 수 있습니다.

주홍사의 천자문은 한문(漢文)의 입문서로 당(唐)나라 이후 급격히 보급되었으며, 글씨로 가장 유명한 것은 왕희지(王羲之)의 7대손 왕지영(王智永)이 해서(楷書)와 초서(草書)의 두 체로 쓴 〈진초 천자본(眞草千字本)〉이며, 우리나라에서는 한 호가 쓴 〈석봉 천자문(石峰千字文)〉입니다.

명필 한 호(韓濩 : 1543 ~ 1605)의 호는 석봉(石峰)이며, 중종(中宗) 38년에 송도(松都 = 開城)에서 출생했습니다. 어려서부터 스스로 붓글씨를 익혔으며, 타고난 자질에다 피나는 수련을 쌓음으로써 해·행·초(楷行草)의 각 체가 모두 최고의 경지에 달했다 합니다.

명종(明宗) 22년에 진사(進士)에 합격하고, 선조(宣祖) 16년에 와서별제(瓦署別提), 임진왜란 때는 왕의 행재소(行在所)에 가서 문서 관계의 일을 맡아 보았으며, 가평 군수(加平郡守)를 지내기도 하였습니다.

선조 16년에 그가 왕명을 받고 천자문을 써서 올리니 이것이 널리 알려진 〈석봉 천자문〉으로, 선조 34년에 초판을 내게 되었고, 숙종(肅宗) 17년에는 숙종이 친히 서문을 지어 중간(重刊)하였습니다.

이 책은 〈석봉 천자문(石峰千字文)〉의 복사본(複寫)을 바탕으로 하여, 한자의 음훈(音訓)과 필순(筆順),영어와 일본어의 음훈을 함께 실어 처음 한자를 배우는 사람이나 한자 붓글씨를 익히려는 사람들에게 교본으로 활용할 수 있도록 엮었습니다.

엮은이 씀

千字文

萬曆十一年正月 日副司果臣韓濩奉
教書 二十九年辛丑七月日內府開刊

天	宇
一 二 チ 天	' ' ' 宀 宀 宇
テン, あま (heaven)	ウ, やね·いえ(house)
하 늘 천	집 우
地	宙
一 十 土 圠 坥 地	' ' ' 宀 宀 宀 宙 宙
チ·ジ, つち (earth)	チュウ, そら (house)
땅 지	집 주
玄	洪
' 亠 亡 玄 玄	丶 氵 汁 汫 洪 洪 洪
ゲン, くろ (black)	コウ, おおみず (vast)
검 을 현	넓 을 홍
黃	荒 (荒)
一 艹 艹 芇 芇 茜 黃	一 艹 艹 芒 芒 芜 荒
コウ·オウ·き (yellow)	コウ, あらい (coarse)
누 를 황	거 칠 황

◇ 천자문 구절 뜻풀이 ◇

天地玄黃(천지현황) 하늘은 위에 있어 그 빛이 검고 땅은 아래에 있으며 그 빛이 누르다.
宇宙洪荒(우주홍황) 하늘과 땅 사이는 넓고 커서 끝이 없다. 즉 세상의 넓음을 말한 것이다.

秋	寒	辰	日
シュウ, あき (autumn)	カン, さむい (cold)	シン, たつ, (star)	ジツ·ニチ, ひ (sun;day)
가 을 추	찰 한	별 진 〔날 신〕	날 일
收	來	宿	月
シュウ,おさめる(collection)	ライ, きたる (come)	シユク, やどる (lodging)	ゲツ, つき (moon)
거 둘 수	올 래	잘 숙 〔별 수〕	달 월
冬	暑	列	盈
トウ, ふゆ (winter)	ショ, あつい (hot)	レツ, ならぶ (widen)	エイ, みつ·あふる (full)
겨 울 동	더 울 서	벌 일 렬	찰 영
藏	往	張	昃
ゾウ, おさむ (hide)	オウ, ゆく (go)	チョウ, はる (hold)	ソク, かたむく (decline)
감 출 장	갈 왕	베 풀 장	기 울 측

日月盈昃(일월영측) 해는 서쪽으로 기울고 달도 차면 점차 이지러진다. 즉 우주의 진리를 말한 것이다.

辰宿列張(진수열장) 진(十二辰)·수(二十八宿) 즉 성좌가 해·달과 같이 하늘에 넓게 벌여져 있음을 말한 것이다.

寒來暑往(한래서왕) 찬 것이 오면 더운 것이 가고 더운 것이 오면 찬 것이 간다. 즉 사철의 바뀜을 「말함.

秋收冬藏(추수동장) 가을에 곡식을 거두고 겨울이 오면 그것을 감춰 들인다.

露	雲	律	閏
ロ, つゆ (dew)	ウン, くも (cloud)	リツ, のり (law)	ジユン, うるう (leap month)
이 슬 로	구 름 운	법 칙 률	윤 달 윤
結	騰	呂	餘
ケツ, むすぶ (union)	トウ, のぼる (a rise)	リョ·ロ, せぼね (vertebra)	ヨ, あまり (remain)
맺 을 결	오 를 등	음 률 려	남 을 여
爲	致	調	成
イ, なす (do)	チ, いたす (bring about)	トウ, ととのえる (adjust)	セイ, なる (achieve)
할 위	이 를 치	고 를 조	이 룰 성
霜	雨	陽	歲
ソウ, しも (frost)	ウ, あめ, (rain)	ヨウ, ひなた (sunshine)	セイ·サイ, とし (year)
서 리 상	비 우	볕 양	해 세

閏餘成歲(윤여성세) 일년 이십사절기 나머지 시각을 모아 윤달로 하여 해를 이루었다.

律呂調陽(율려조양) 율(六律)과 여(六呂)는 천지간의 양기를 고르게 하니 즉 율은 양이요 여는 음이다.

雲騰致雨(운등치우) 수증기가 올라가서 구름이 되고 냉기를 만나 비가 된다. 즉 자연의 기상을 말한 것이다.

露結爲霜(노결위상) 이슬이 맺혀서 찬기운에 닿으면 서리가 된다.

珠	劍 (劒)	玉	金
シユ·ジユ, たま (pearl)	ケン, つるぎ (sword)	ギョク, たま(precious stone)	キン·コン, かね, (gold)
구 슬 주	칼 검	구 슬 옥	쇠 금
稱 (穪)	號 (號)	出	生
ショウ,となえる (call)	ゴウ, さけぶ (name,title)	シユツ, でる (come out of)	セイ, うまれる (produce)
일 컬 을 칭	이 름 호	날 출	낳 을 생
夜	巨	崑	麗
ヤ, よる (night)	キョ,おおきい (very big)	コン (name of a mountain)	レイ,うるわしい (be bright)
밤 야	클 거	뫼 곤	빛 날 려
光	闕	岡	水
コウ, ひかり (light)	ケツ,ごてん (royal palace)	コウ, おか (ridge of hill)	スイ, みず (water)
빛 광	집 궐	뫼 강	물 수

金生麗水(금생여수) 금은 여수에서 나니 여수는 중국의 지명이다.
玉出崑岡(옥출곤강) 옥은 곤강에서 나며 곤강은 중국의 산 이름이다.
劍號巨闕(검호거궐) 거궐은 칼 이름이고 구야자가 만든 보검이다. 즉 조나라의 국보다.
珠稱夜光(주칭야광) 구슬이 밤에도 밝게 빛을 내므로 야광이라 일컬었다.

鱗	海	菜	果
リン, うろこ (a scale)	カイ, うみ (sea)	サイ, な (greens)	カ, くだもの, (fruit)
비 늘 린	바 다 해	나 물 채	과 실 과
潛	鹹	重	珍
セン, もぐる (sink)	カン, しおけ (salty)	ジュウ, おもい (heavy)	チン, めずらしい(treasures)
잠 길 잠	짤 함	무 거 울 중	보 배 진
羽	河	芥	李
ウ, はね (feather)	カ, が・かわ (river)	カイ, からしな(mustard)	リ, すもも, (plum)
깃 우	물 하	겨 자 개	오 얏 리
翔	淡	薑	柰
ショウ, かける (wing)	タン, あわい (insipid)	キョウ, しょうが(ginger)	ナ, からなし (crad-apple)
날 개 상	맑 을 담	생 강 강	벗 내

果珍李柰(과진이내) 과실 중에 오얏과 벗의 그 진미가 으뜸임을 말한 것이다.

菜重芥薑(채중개강) 나물은 겨자와 생강이 중하다.

海鹹河淡(해함하담) 바닷물은 짜고 민물은 맛은 없으나 맑다.

鱗潛羽翔(인잠우상) 비늘 있는 고기는 물속에 잠기고 날개 있는 새는 공중에 난다.

乃	始	鳥	龍
ダイ·ナイ,すなわち(hereupon)	シ, はじめ (beginning)	チョウ, とり (bird)	リユウ, たつ, (dragon)
이 에 내	비 로 소 시	새 조	용 룡
服	制	官	師
フク, きもの(clothes)	セイ, つくる(make)	カン,つかさ(goverment post)	シ, せんせい (master)
옷 복	지 을 제	벼 슬 관	스 승 사
衣	文	人	火
イ·エ, ころも (clothes)	ブン·モン, もじ(literature)	ジン·ニン, ひと(person)	カ, ひ (fire)
옷 의	글 월 문	사 람 인	불 화
裳	字	皇	帝
ショウ, はかま (skirt)	ジ, もじ (letter)	コウ, すめらぎ(imperial)	テイ, みかど (king)
치 마 상	글 자 자	임 금 황	임 금 제

龍師火帝(용사화제) 용스승 불임금이라 함은 복희씨는 용으로써 벼슬을 기록하고 신농씨는 불로써 기록하였다.

鳥官人皇(조관인황) 소호는 새로써 벼슬을 기록하고 황제는 인문을 갖췄으므로 인황이라 하였다.

始制文字(시제문자) 복희의 신하 창힐이라는 사람이 새 발자국을 보고 글자를 처음 만들었다.

乃服衣裳(내복의상) 이에 의상을 입게 하니 황제가 의관을 지어 등분을 분별하고 위의를 엄숙케 하였다.

周	吊	有	推
シュウ, めぐる(all around)	チョウ,とむらう(condolence)	ユウ, あり·もつ(there be)	スイ, おす (push)
두 루 주	조 상 조	있 을 유	밀 추
發	民	虞	位
ハツ, おこる (issue)	ミン, たみ (people)	グ, おもんばかる	イ, くらい (position)
필 발	백 성 민	나 라 우	자 리 위
殷	伐	陶	讓
イン, さかん	バツ, うつ (attack)	トウ, すえもの(earthenware)	ジョウ, ゆずる (modesty)
나 라 은	칠 벌	질 그 릇 도	사 양 양
湯	罪	唐	國
トウ, ゆ (boil)	ザイ, つみ (crime)	トウ, むなしい	コク, くに (nation)
끓 을 탕	허 물 죄	당 나 라 당	나 라 국

推位讓國(추위양국) 벼슬을 미루고 나라를 사양하니 제요가 제순에게 전위하였다.

有虞陶唐(유우도당) 유우는 제순이요 도당은 제요이다. 즉 중국 고대 제왕이다.

吊民伐罪(조민벌죄) 불쌍한 백성을 돕고 죄지은 백성은 벌주었다.

周發殷湯(주발은탕) 주발은 무왕의 이름이고 은탕은 왕의 칭호이다.

臣	愛	垂	坐
シン, おみ (subject)	アイ, いつくしむ (love)	スイ, たれる(hang down)	ザ, すわる (sit)
신 하 신	사 랑 애	드 리 울 수	앉 을 좌
伏	育	拱	朝
フク, ふす(lie flat)	イク, そだてる(bring up)	キョウ, こまぬく	チョウ, あさ (morning)
엎 드 릴 복	기 를 육	팔 짱 낄 공	아 침 조
戎	黎	平	問
ジユウ, つわもの(weapons)	レイ, おおし (black)	ヘイ·ビョウ, たいらか(even)	ブン·モン, とう(ask)
되 융	검 을 려	평 할 평	물 을 문
羌	首	章	道
キョウ, えびす	シユ, かしら (head)	ショウ, ふみ (chapter)	ドウ, みち (road)
되 강	머 리 수	글 장 장	길 도

坐朝問道(좌조문도) 좌조는 천하를 통일하여 왕위에 앉은 것이고, 문도는 나라 다스리는 법을 말한 것이다.

垂拱平章(수공평장) 밝고 평화스럽게 다스리는 길을 겸손히 생각함을 말한 것이다.

愛育黎首(애육여수) 검은 머리 즉 백성을 임금이 사랑하고 양육함을 말한 것이다.

臣伏戎羌(신복융강) 이상과 같이 나라를 다스리면 그 덕에 융과 강도 항복하고야 만다.

白	鳴	率	遐
ハク·ビヤク, しろ (white)	メイ, なく (cry)	ソツ, したがう (lead)	カ, とおい·はるか (distant)
흰 백	울 명	거느릴솔[비율률]	멀 하

駒	鳳	賓	邇
ク, こま (foal)	ホウ, ほうおう (Chinese phoenix)	ヒン, まろうど (visitor)	ジ, ちかい (near)
망아지 구	새 봉	손 빈	가까울 이

食	在	歸	壹
ショク, くう (food)	ザイ, あり (exist)	キ, かえる (return)	イチ, ひとつ (one)
밥 식	있을 재	돌아갈 귀	한 일

場	樹	王	體
ジョウ, ば (ground)	ジユ, き (tree)	オウ, きみ (king)	タイ, からだ (body)
마당 장	나무 수	임금 왕	몸 체

遐邇壹體(하이일체) 멀고 가까운 나라가 전부 그 덕망에 귀순케 하며 일체가 될 수 있다.

率賓歸王(솔빈귀왕) 거느리고 복종하여 왕에게 돌아오니 덕을 입어 복종치 않음이 없음을 말한 것이다.

鳴鳳在樹(명봉재수) 명군 성현이 나타나면 봉이 운다는 말과 같이 덕망이 미치는 곳마다 봉이 나무 위에서 울 것이다.

白駒食場(백구식장) 평화스러움을 말한 것이며 즉 흰 망아지도 감화되어 사람을 따르며 마당 풀을 뜯어먹게 된다.

四	蓋	賴	化
丨 冂 四 四	丷 十 主 羊 芏 芏 盖 蓋	一 申 束 剌 剌 剌 賴	丿 亻 亻' 化
シ, よつ (four)	ガイ, おおう (cover)	ライ, よる·たのむ(trust on)	カ·ゲ, かわる (change)
넉 사	덮을 개	힘입을 뢰	조화 화
大	**此**	**及**	**被**
一 ナ 大	丨 ト 𠃊 止 止' 此	丿 乃 及	⺈ 礻 衤 衤 初 衤 被
タイ, おおきい (big)	シ, これ (this)	キュウ, およぶ (reach)	ヒ, こうむる (receive)
큰 대	이 차	미칠 급	입을 피
五	**身**	**萬**	**草**
一 丅 五 五	' 𠂆 门 白 自 自 身	艹 芇 苩 萬 萬 萬 萬	一 艹 艹 芇 苩 苩 草
ゴ, いつつ (five)	シン, み (body)	バン·マン, (ten thousand)	ソウ, くさ (grass)
다섯 오	몸 신	일만 만	풀 초
常	**髮**	**方**	**木**
' 丷 ⺌ 当 尚 常 常	' 镸 镸 髟 髟 髣 髮	' 亠 亡 方	一 十 才 木
ショウ, つね (always)	ハツ, かみ (hair)	ホウ, かた (direction)	ボク·モク, き (tree)
항상 상	터럭 발	모 방	나무 목

化被草木(화피초목) 덕화가 사람이나 짐승에게만 미칠 뿐 아니라 초목에까지도 미침을 말한 것이다.

賴及萬方(뇌급만방) 만방이 극히 넓으나 어진 덕이 고루 미치게 된다.

蓋此身髮(개차신발) 이 몸에 터럭은 대개 사람마다 없는 이가 없다.

四大五常(사대오상) 네 가지 큰 것과 다섯 가지 떳떳함이 있으니 즉 사대는 천지군부요 오상은 인의·예·지·신이다.

男	女	豈	恭
ダン·ナン, おとこ(man)	チョ·ニョ, おんな(woman)	キ, あに (how)	キョウ, うやうやしい(politeness)
사 내 남	계 집 녀	어 찌 기	공 손 공
效	慕	敢	惟
コウ, ならう (effect)	ボ, したう (longing)	カン, あえて (brave)	イ, これ (only)
본 받 을 효	사 모 할 모	용 감 할 감	오 직 유
才	貞	毁	鞠
サイ, さえ (talent)	テイ, ただしい (virtuous)	キ, こわす (ruin)	キク, やしなう(nourish)
재 주 재	곧 을 정	헐 훼	칠 국
良	烈	傷	養
リョウ, よい (benevolent)	レツ, はげしい (violent)	ショウ, いたむ (be injured)	ヨウ, やしなう (bring up)
어 질 량	매 울 렬	상 할 상	기 를 양

恭惟鞠養(공유국양) 국양함을 공손히 하라. 사람의 몸은 부모의 기르신 은혜이기 때문이다.

豈敢毁傷(기감훼상) 부모님께서 낳아 길러주신 이 몸을 어찌 감히 훼상할 수 있으리오.

女慕貞烈(여모정렬) 여자는 정조를 굳게 지키고 행실을 단정하게 해야 함을 말한 것이다.

男效才良(남효재량) 남자는 재능을 닦고 어진 것을 본받아야 함을 말한 것이다.

靡	罔	得	知
ビ・ヒ, なびく (not; waste)	モウ, あみ (net)	トク, える (gain)	チ, しる (know)
아닐 미	없을 망	얻을 득	알 지
恃	談	能	過
ジ, たのむ (rely on)	ダン, はなす (converse)	ノウ, なしうる (ability)	カ, すぎる (pass by)
믿을 시	말씀 담	능할 능	지날 과
己	彼	莫	必
コ, おのれ (by oneself)	ヒ, かれ (he)	バク・ボウ, ない (don't)	ヒツ, かならず (by all means)
몸소 기	저 피	말 막	반드시 필
長	短	忘	改
チョウ, ながい (long)	タン, みじかい (short)	ボウ, わすれる (forget)	カイ, あらためる (reform)
긴 장	짧을 단	잊을 망	고칠 개

知過必改(지과필개) 누구나 허물은 있는 것이니 허물은 알면 즉시 고쳐야 한다.

得能莫忘(득능막망) 사람으로서 알아야 할 것을 배운 후는 잊지 않도록 노력하여야 한다.

罔談彼短(망담피단) 자기의 단점을 말 안 하는 동시에 남의 잘못을 욕하지 말라.

靡恃己長(미시기장) 자신의 특기를 믿고 자랑하지 말라. 그럼으로써 더욱 발전한다.

詩	墨	器	信
シ, し (poetry)	ボク, すみ (ink-stick)	キ, うつわ (vessel)	シン, まこと (believe)
글 시	먹 묵	그릇 기	믿을 신
讚	悲	欲	使
サン, ほめる(praise)	ヒ, かなしむ (sorrow)	ヨク, ほっする (desire)	シ, つかう (ambassador)
칭찬할 찬	슬플 비	하고자할 욕	사신 사
羔	絲	難	可
コウ, こひつじ (goat)	シ, いと (thread)	ナン, むつかしい(difficult)	カ, よい (right)
염소 고	실 사	어려울 난	옳을 가
羊	染	量	覆
ヨウ, ひつじ (sheep)	セン·ゼン, そめる (dye)	リョウ, はかる (quantity)	フク, くつがえす(overturn)
양 양	물들일 염	헤아릴 량	덮을 복

信使可覆(신사가복) 믿음은 움직일 수 없는 진리이고 또한 남과의 약속은 지켜야 한다.

器欲難量(기욕난량) 사람의 기량은 깊고 깊어서 헤아리기 어렵다.

墨悲絲染(묵비사염) 흰 실에 검은 물이 들면 다시 희어지지 못함을 슬퍼한다. 즉 사람도 매사를 조심하여야 한다.

詩讚羔羊(시찬고양) 시전 고양편에 문왕의 덕을 입은 남국대부의 정직함을 칭찬하였으니 사람의 선악을 말한 것이다.

形	德	剋	景
一 二 于 开 开' 形 形	彳 德	十 剋	景
ケイ, かたち (form)	トク, とく (virtue)	コク, かつ (overcome)	ケイ, けしき(view)
얼 굴 형	큰 덕	이 길 극	경 치 경
端	建	念	行
端	建	念	行
タン, はし (edge)	ケン, たてる (build)	ネン・おもう (think)	コウ, ゆく(go about)
끝 단	세 울 건	생 각 념	다 닐 행
表	名	作	維
一 十 表	ノ ク タ 名	ノ イ 作	維
ヒョウ, おもて (surface)	メイ・ミョウ, な (name)	サク, つくる (make)	イ, つな
겉 표	이 름 명	지 을 작	벼 리 유
正	立	聖	賢
一 丅 下 正 正	丶 亠 立	聖	賢
セイ, ただす (right)	リツ, たつ (stand up)	セイ, ひじり(holy)	ケン, かしこい(wise)
바 를 정	설 립	성 인 성	어 질 현

景行維賢(경행유현) 행실을 훌륭하게 하고 당당하게 행하면 어진 사람이 된다는 것을 말한 것이다.
剋念作聖(극념작성) 성인의 언행을 잘 생각하여 수양을 쌓으면 자연 착한 사람이 됨을 말한 것이다.
德建名立(덕건명립) 항상 덕을 가지고 세상일을 행하면 자연히 이름도 서게 된다.
形端表正(형단표정) 몸 형용이 단정하고 깨끗하면 마음도 바르며 또 표면에 나타난다.

福	禍	虛	空
フク,さいわい(good fortune)	カ, わざわい(calamity)	キョ, むなしい(empty)	クウ,むなしい (emptiness)
복 복	재 화 화	빌 허	빌 공
緣	因	堂	谷
エン,ゆかり(relation)	イン,よる (be due to)	ドウ, すまい (hall)	コク,たに (valley)
인 연 연	인 할 인	집 당	골 곡
善	惡	習	傳
ゼン, よい(good)	アク·オ,わるい(evil)	シュウ, ならう(practice)	テン,つたえる(hand over)
착 할 선	모 질 악	익 힐 습	전 할 전
慶	積	聽	聲
ケイ,よろこぶ(happy event)	セキ,つむ (pile up)	チョウ, きく (listen)	セイ, こえ, (voice)
경 사 경	쌓 을 적	들 을 청	소 리 성

空谷傳聲(공곡전성) 산골짜기에서 크게 소리치면 그대로 전한다. 즉 악한 일을 하면 악한 일을 당하게 된다.

虛堂習聽(허당습청) 빈 방에서 소리를 내면 울리어 다 들린다. 즉 착한 말을 하면 천리 밖에서도 응한다.

禍因惡積(화인악적) 재앙은 악을 쌓음에 인한 것이므로 재앙을 받는 이는 평일에 악을 쌓았기 때문이다.

福緣善慶(복연선경) 복은 착한 일에서 오는 것이니 착한 일을 하면 경사가 온다.

曰	資	寸	尺
エツ, いわく (it is said)	シ, たから, (property)	スン, すこし	セキ, ものさし (ruler)
가로되 왈	재물 자	마디 촌	자 척
嚴	父	陰	璧
ゲン, おごそか(severe)	フ, ちち (father)	イン, かげ, (shady)	ヘキ, たま(jade)
엄할 엄	아버지 부	그늘 음	구슬 벽
與	事	是	非
ヨ, あたえる. (together)	ジ, こと (work)	ゼ, これ, (this)	ヒ, あらず (not)
더불어 여	일 사	이 시	아닐 비
敬	君	競	寶
ケイ·うやまう (respect)	クン, きみ (king)	ケイ·キョウ, あらそう(quarrel)	ハウ, たから (treasure)
공경할 경	임금 군	다툴 경	보배 보

尺璧非寶(척벽비보) 한 자가 되는 구슬이라고 해서 결코 보배라고는 할 수 없다.
寸陰是競(촌음시경) 한 자 되는 구슬보다도 잠깐의 시간이 더욱 귀중하니 시간을 아껴야 한다.
資父事君(자부사군) 부모를 섬기는 효도로써 임금을 섬겨야 한다.
曰嚴與敬(왈엄여경) 임금을 대하는 데는 엄숙함과 공경함이 있어야 한다.

夙	臨	忠	孝
シュク, つとに(early)	リン, のぞむ(look down upon)	チユウ, まこと (loyalty)	コウ, こうこう(filial piety)
이 를 숙	임 할 림	충 성 충	효 도 효
興	深	則	當
コウ, おこる (flourish)	シン, ふかい(deep)	ソク, のり (rule)	トウ, あたる (at that time)
홍 할 홍	깊 을 심	곧 즉 [법칙칙]	마 땅 할 당
温	履	盡	竭
オン, あたたかい(warm)	リ, ふむ(tread on)	ジン, つくす (exhaust)	ケツ, つくす (exhaust)
따 뜻 할 온	밟 을 리	다 할 진	다 할 갈
凊	薄	命	力
セイ, すずしい(cool)	ハク, うすい (thin)	メイ, いのち (life)	リョク, ちから (power)
서 늘 할 정	얇 을 박	목 숨 명	힘 력

孝當竭力(효당갈력) 부모를 섬기는 데는 마땅히 힘을 다하여야 한다.

忠則盡命(충즉진명) 충성한 즉 목숨을 다하니 임금을 섬기는 데 몸을 사양해서는 안 된다.

臨深履薄(임심이박) 깊은 곳에 임하듯 하고 얇은 데를 밟듯이 하여 모든 일에 주의하여야 한다.

夙興温凊(숙홍온정) 일찍 일어나서 추우면 덥게 더우면 서늘하게 하는 것이 부모를 섬기는 절차이다.

淵	川	如	似
エン, ふち, (pond)	セン, かわ (stream)	ジョ, ごとし (likewise)	ジ, にる (similar)
못 연	내 천	같을 여	같을 사
澄	流	松	蘭
チョウ, すむ (clear)	リュウ, ながれる (flow)	ショウ, まつ (pine-tree)	ラン (orchid)
맑을 징	흐를 류	소나무 송	난초 란
取	不	之	斯
シュ, とる (take)	フ·ブ, いなや (not)	シ, これ	シ, これ, (this)
취할 취	아니 불	갈 지	이 사
暎	息	盛	馨
エイ, うつる (bright)	ソク, いき (rest)	セイ, さかん (flourishing)	ケイ, かおる, (fragrant)
비칠 영	쉴 식	성할 성	꽃다울 형

似蘭斯馨(사란사형) 난초같이 꽃다우니 군자의 지조를 비유한 것이다.
如松之盛(여송지성) 소나무같이 푸르고 성함은 군자의 절개를 말한 것이다.
川流不息(천류불식) 내가 흘러 쉬지 아니하니 군자의 행지를 말한 것이다.
淵澄取暎(연징취영) 못이 맑아서 비취니 즉 군자의 마음을 말한 것이다.

愼	篤	言	容
丶 忄 忙 怙 愼 愼 愼	⺈ 𥫗 竺 笁 笃 篤 篤	一 二 亖 亖 言 言 言	丶 宀 宀 穴 容 容
シン, つつしむ (be careful)	トク, あつい (true; sincere)	ゲン, ことば (word)	ヨウ, いれる·すがた (shape)
삼 갈 신	도 타 울 독	말 씀 언	얼 굴 용

終	初	辭	止
㇄ 幺 糸 糸 約 終 終	丶 ㇇ 礻 礻 衤 初 初	⺍ ⺍ 𤔔 𤔔 𤔔 辭 辭	丨 ⺊ 㣥 止
シユウ, おわり (end)	ショ, はじめ (beginning)	ジ, ことば (words)	シ, とどまる (stop)
마 지 막 종	처 음 초	말 씀 사	그 칠 지

宜	誠	安	若
丶 丷 宀 宁 宜 宜 宜	亖 言 訁 訂 訢 誠 誠	丶 丷 宀 宊 安 安	一 艹 艹 芀 若 若 若
ギ, よし (suitable)	セイ, まこと, (sincere)	アン, やすい (being well)	ジヤク, もしくは (same)
마 땅 의	정 성 성	편 안 안	같 을 약

令	美	定	思
ノ 人 𠆢 今 令	丷 䒑 䒑 芏 荎 荎 美	丶 丷 宀 宀 宁 宁 定	丨 冂 田 田 思 思 思
レイ, のり (order)	ビ うつくしい (beauty)	テイ·ジョウ, さだめる (fix)	シ, おもう (think)
하 여 금 령	아 름 다 울 미	정 할 정	생 각 사

容止若思(용지약사) 행동을 덤벙이지 말고, 형용과 행지를 조용히 생각하는 침착한 태도를 가져라.

言辭安定(언사안정) 태도만 침착할 뿐 아니라 말도 안정케 하여 쓸데 없는 말을 삼가라.

篤初誠美(독초성미) 무엇이든지 처음에 성실하고 신중히 하여야 한다.

愼終宜令(신종의령) 처음뿐만 아니라 끝맺음도 좋아야 한다.

攝	學	籍	榮
セツ, とる (hold up)	ガク, まなぶ (learn)	セキ, ふみ (list)	エイ, さかえる(glory)
잡 을 섭	배 울 학	호 적 적	영 화 영
職	優	甚	業
ショク, つかさとる(occupation)	ユウ, まさる (excellent)	ジン, はなはだ(extremly)	ギョウ, わざ (profession)
일 직	넉 넉 할 우	심 할 심	업 업
從	登	無	所
ジュウ·ジユ, したがう(obey)	トウ, のぼる (rise)	ム·ブ, ない(nothing)	ショ, ところ (place)
좇 을 종	오 를 등	없 을 무	바 소
政	仕	竟	基
セイ, まつりごと(politics)	シ, つかえる(official rank)	キョウ, おわる(end; at last)	キ, もと (basis)
정 사 정	벼 슬 사	마 침 내 경	터 기

榮業所基(영업소기) 이상과 같이 잘 지키면 번성하는 기본이 된다.
籍甚無竟(적심무경) 뿐만 아니라 자신의 명예스러운 이름이 영원히 전하여질 것이다.
學優登仕(학우등사) 배운 것이 넉넉하면 벼슬에 오를 수 있다.
攝職從政(섭직종정) 벼슬을 잡아 정사를 좇으니 국가의 통치에 참여한다.

禮	樂	去	存
礻 祀 神 禮	𦣞 白 幺 丝 樂	一 十 土 去	一 ナ 才 存
レイ, れい (good manners)	ガク, たのしむ (pleasure)	キヨ, さる (go)	ゾン, ある (exist)
예 도 례	풍 류 악[즐길락]	갈 거	있 을 존
別	**殊**	**而**	**以**
口 另 別	歹 殊	一 ア 丙 而	丨 以
ベツ, わかれる(separate)	シユ, ことに (special)	ジ, なんじ (and)	イ, もって (with)
다 를 별	다 를 수	어 조 사 이	써 이
尊	**貴**	**益**	**甘**
八 酋 尊	口 中 書 貴	八 亼 益	一 十 廾 甘
ソン, さかだる (respect)	キ, たっとい (noble)	エキ, ます (increase)	カン, あまい (sweet)
높 을 존	귀 할 귀	더 할 익	달 감
卑	**賤**	**詠**	**棠**
卜 白 由 卑	目 貝 賤	言 詠	丷 尚 棠
ヒ, いやしい (mean)	セン, いやしい (mean)	エイ, うたう (sing)	トウ, あずきなし
낮 을 비	천 할 천	읊 을 영	아 가 위 당

存以甘棠(존이감당) 주나라 소공이 남국의 아가위나무 아래서 백성을 교화하였다.

去而益詠(거이익영) 소공이 죽은 후 남국의 백성들이 그의 덕을 추모하여 감당시를 읊었다.

樂殊貴賤(악수귀천) 풍류는 귀천이 다르니 천자는 팔일, 제후는 육일, 사대부는 사일, 서민은 이일이 다.

禮別尊卑(예별존비) 예도에 존비의 분별이 있으니 군신·부자·부부·장유·붕우의 차별이 있다.

入	外	夫	上
ニュウ, いる (enter)	ガイ, ほか·そと (outside)	フ, おとこ (man; husband)	ジョウ, うえ(uppen part)
들 입	바 깥 외	남 편 부	윗 상
奉	受	唱	和
ホウ, たてまつる(respect)	ジユ, うける(receivc)	ショウ, となえる(sing)	ワ, やわらぐ (peaceful)
받 들 봉	받 을 수	부 를 창	화 할 화
母	傅	婦	下
ボ, はは (mother)	フ, もり (master)	フ, よめ (daughter-in-law)	カ·ゲ, した (under)
어 미 모	스 승 부	며 느 리 부	아 래 하
儀	訓	隨	睦
ギ, のり (manner)	クン, おしえる(instruct)	ズイ, したがう, (follow)	ボク, むつむし(harmony)
거 동 의	가 르 칠 훈	따 를 수	화 목 할 목

上和下睦(상화하목) 위에서 사랑하고 아래에서 공경함으로써 화목이 이루어진다.
夫唱婦隨(부창부수) 지아비가 부르면 지어미가 따르니 즉 원만한 가정을 말한 것이다.
外受傅訓(외수부훈) 팔세가 되면 밖의 스승에게 가르침을 받아야 한다.
入奉母儀(입봉모의) 집에 들어와서는 어머니를 받들어 종사하라.

同	孔	猶	諸
ドウ, おなじ (the same)	コウ, あな (hole)	ユウ, お (like)	シヨ, もろもろ (all)
한가지 동	구멍 공	같을 유	모두 제
氣	懷	子	姑
キ・ケ, いき (air)	カイ, おもう (embrace)	シ, こ (son)	コ, しゅうとめ (grandmother)
기운 기	품을 회	아들 자	시어미 고
連	兄	比	伯
レン, つらなる (connect)	ケイ, あに (elder brother)	ヒ, くらべる (compare)	ハク, あに (eldest)
연할 련	맏 형	견줄 비	맏 백
枝	弟	兒	叔
シ, えだ (branch)	テイ, おとうと (younger brother)	ジ, こ (child)	シユク, おじ (uncle)
가지 지	아우 제	아이 아	아저씨 숙

諸姑伯叔(제고백숙) 고모·백부·숙부 등 집안의 친척 등을 말한 것이다.
猶子比兒(유자비아) 조카들도 자기의 아들과 같이 보살펴야 한다.
孔懷兄弟(공회형제) 형제는 서로 사랑하여 의좋게 지내야 한다.
同氣連枝(동기연지) 형제는 부모의 기운을 같이 받았으니 나무의 가지와 같다.

造	仁	切	交
造	仁	切	交
ゾウ, つくる (create)	ジン, いつくしみ (benevolent)	セツ, きる (cut)	コウ, まじわる (coincidence)
지 을 조	어 질 인	자를절 [모두체]	사 귈 교
次	慈	磨	友
ジ, つぎ (next)	ジ, いつくしむ (benevolent)	マ, みがく (rub)	ユウ, とも (friend)
버 금 차	인 자 할 자	갈 마	벗 우
弗	隱	箴	投
フツ, あらず (not)	イン, かくれる (hide)	シン, はり (needle)	トウ, なげる (throw)
말 불	숨 을 은	경 계 잠	던 질 투
離	惻	規	分
リ, はなれる (leave)	ソク, いたむ (mourning)	キ, のり (regulation)	フン, わける (divide)
떠 날 리	슬 플 측	법 규	나 눌 분

交友投分(교우투분) 벗을 사귀는 데는 서로가 분수에 맞는 사람끼리 사귀어야 한다.

切磨箴規(절마잠규) 열심히 닦고 배워서 사람으로서의 도리를 지켜야 한다.

仁慈隱惻(인자은측) 어진 마음으로 남을 사랑하고 또는 이를 측은히 여겨야 한다.

造次弗離(조차불리) 남을 위한 동정심을 잠시라도 잊지 말고 항상 가져야 한다.

心	性	顚	節
シン, こころ (mind)	セイ, さが (temper)	テン, いただき (decline)	セツ, ふし (joint)
마 음 심	성 품 성	기우러질 전	마 디 절
動	靜	沛	義
ドウ, うごく (move)	セイ, しずか (quiet)	ハイ, さわ (fall down)	ギ, よし (righteous)
움직일 동	고 요 정	자빠질 패	옳 을 의
神	情	匪	廉
シン・ジン, かみ (god)	ジョウ, なさけ (feeling)	ヒ, あらず (not)	レン, やすい (integrity)
귀 신 신	뜻 정	아 닐 비	청 렴 렴
疲	逸	虧	退
ヒ, つかれる (tired)	イツ・イチ, はやし (comfort)	キ, かける (break)	タイ, しりぞく (retreat)
가 쁠 피	편안할 일	이지러질 휴	물러갈 퇴

節義廉退(절의염퇴) 절개와 의리와 청렴함과 물러감은 늘 지켜야 한다.
顚沛匪虧(전패비휴) 엎어지고 자빠져도 이지러지지 않으니 용기를 잃지 말라.
性靜情逸(성정정일) 성품이 고요하면 뜻이 편안하니 고요함은 천성이요 동작함은 인정이다.
心動神疲(심동신피) 마음이 움직이면 신기가 피곤해진다.

好	堅	逐	守
亻 女 女 好 好 好	丨 Ｆ 臣 臤 堅 堅	一 豖 豕 豖 豚 逐	丶 宀 宀 守 守
コウ, よし (like)	ケン, かたい (solid)	チク, おう (expel)	シユ, まもる (defend)
좋 을 호	굳 을 견	쫓 을 축	지 킬 수

爵	持	物	眞 (真)
爫 爫 爫 爫 爵 爵 爵	扌 扌 扌 扌 扌 持 持	丿 ⺧ 牛 牛 牜 牞 物	一 匕 旨 旨 眞 眞
シャク, すずめ (degree of nobility)	ジ, もつ (hold)	ブツ・モツ, もの (matter)	シン, まこと (true; real)
벼 슬 작	가 질 지	만 물 물	참 진

自	雅	意	志
丿 亻 白 白 自 自	一 ㄷ 牙 牙 牙 雅 雅	亠 立 立 音 音 意 意	一 十 士 声 志 志 志
ジ, みずから (by oneself)	ガ, みやびやか (refined)	イ, こころ (intention)	シ, こころざし (intention)
스 스 로 자	아 담 할 아	뜻 의	뜻 지

縻	操	移	滿 (満)
广 广 庐 麻 麻 縻 縻	扌 扌 扌 押 操 操 操	二 千 禾 禾 移 移 移	氵 氵 汁 洲 满 满 滿
ビ, つなぐ (tie up)	ソウ, あやつる (grasp)	イ, うつる (remove)	マン, みちる (full)
얽 을 미	잡 을 조	옮 길 이	찰 만

守眞志滿(수진지만) 사람의 도리를 지키면 뜻이 차고 군자의 도를 지키면 뜻이 편안하다.
逐物意移(축물의이) 마음이 불안함은 욕심이 있어서 그렇다. 너무 욕심내면 마음도 변한다.
堅持雅操(견지아조) 맑은 절조를 굳게 가지고 있으면 나의 도리를 극진히 함이라.
好爵自縻(호작자미) 스스로 벼슬을 얻게 되니 천작을 극진히 하면 인작이 스스로 이르게 된다.

浮	背	東	都
フ,うく (float)	ハイ·せ (back)	トウ, ひがし, (east)	ト, みやこ (metropolis)
뜰 부	등 배	동녘 동	도읍 도
渭	邙	西	邑
イ, かわのな	ボウ (name of a hill)	セイ, にし (west)	ユウ, むら (town)
위수 위	터 망	서녘 서	고을 읍
據	面	二	華
キョ, よる (occupy)	メン, かお (face)	ニ, ふたつ (two)	カ, ゲ, はな (shine)
웅거할 거	낯 면	두 이	빛날 화
涇	洛	京	夏
ケイ, とおる	ラク, かわのな (eavesdrops)	ケイ·キョウ, みやこ (capital)	カ, なつ (summer)
경수 경	낙수 락	서울 경	여름 하

都邑華夏(도읍화하) 도읍은 왕성의 지위를 말한 것이고 화하는 당시 중국을 지칭하던 말이다.
東西二京(동서이경) 동과 서에 두 서울이 있으니 동경은 낙양이고 서경은 장안이다.
背邙面洛(배망면락) 동경은 북에 북망산이 있고 낙양은 남에 낙천이 있다.
浮渭據涇(부위거경) 위수에 뜨고 경수를 눌렀으니 장안은 서북에 위천·경수 두 물이 있었다.

畫	圖	樓	宮
ガ·カク, え (picture)	ト, えがく (picture)	ロウ, たかどの (tower)	キュウ, みや (palace)
그 림 화	그 림 도	다 락 루	집 궁
綵	寫	觀	殿
サイ, あや (coloring)	シャ, うつす (copy)	カン, みる (behold)	デン, との (palace)
채 색 채	베 낄 사	볼 관	대 궐 전
仙	禽	飛	盤
セン (hermit)	キン, とり (birds)	ヒ, とぶ (fly)	バン, さら, (vessel)
신 선 선	새 금	날 비	서 릴 반
靈	獸	驚	鬱
レイ, かみ (spirit)	ジュウ, けだもの (beasts)	キョウ, おどろく (surprise)	ウツ, しげる(melancholy)
신 령 령	짐 승 수	놀 랄 경	답 답 할 울

宮殿盤鬱(궁전반울) 궁전은 울창한 나무 사이에 서린 듯 정하고.
樓觀飛驚(누관비경) 궁전 가운데 있는 물견대(物見台)는 높아서 올라가면 나는 듯하여 놀란다.
圖寫禽獸(도사금수) 궁전 내부에는 유명한 화가들이 그린 그림 조각 등으로 장식되어 있다.
畫綵仙靈(화채선령) 신선과 신령의 그림도 화려하게 채색되어 있다.

鼓	肆	甲	丙
コ,つづみ·たいこ (drum)	シ,ほしいまま (hold)	コウ,よろい (armour)	ヘイ,ひのえ (south)
북 고	베 풀 사	갑 옷 갑	남 녘 병
瑟	筵	帳	舍
シツ,おおごと	エン,むしろ (place)	チョウ,とばり (curtain)	シャ,いえ (house)
비 파 슬	자 리 연	장 막 장	집 사
吹	設	對	傍
スイ,ふく (blow)	セツ, もうける (hold)	タイ,こたえ (answer)	ボウ, かたわら (side)
불 취	베 풀 설	대 답 대	곁 방
笙	席	楹	啓
ショウ ,ふえ	セキ,むしろ (seat)	エイ,はしら (pillar)	ケイ,ひらく (open)
저 생	자 리 석	기 둥 영	열 계

丙舍傍啓(병사방계) 병사 곁에 통로를 열어 궁전 내를 출입하는 사람들의 편리를 도모하였다.

甲帳對楹(갑장대영) 아름다운 갑장이 기둥을 대하였으니 동방삭이 갑장을 지어 임금이 잠시 머무르는 곳이다.

肆筵設席(사연설석) 자리를 베풀고 돗을 베푸니 연회하는 좌석이다.

鼓瑟吹笙(고슬취생) 비파를 치고 저를 부니 잔치하는 풍류이다.

左	右	弁	陞
サ, ひだり (left)	ユウ·ウ, みぎ (right)	ベン·かんむり (crown)	ショウ, のぼる (ascend)
왼 좌	오른 우	고깔 변	오를 승
達	通	轉	階
タツ, とどく (reach to)	ツウ, とおる (through)	テン, ころぶ (revolve)	カイ, きざはし (stairs)
통달할 달	통할 통	구를 전	뜰 계
承	廣	疑	納
ショウ, うける (succeed)	コウ, ひろい (wide)	ギ, うたがう (doubt)	ノウ, おさめる (offer)
이을 승	넓을 광	의심할 의	바칠 납
明	内	星	陛
メイ, あきらか (bright)	ダイ·ナイ, うち (inside)	セイ, ほし (star)	ヘイ, きざはし
밝을 명	안 내	별 성	섬돌 폐

陞階納陛(승계납폐) 문무 백관이 계단에 올라 임금께 납폐하는 절차이다.
弁轉疑星(변전의성) 많은 사람들의 관에서 번쩍이는 구슬이 별인가 의심할 정도이다.
右通廣内(우통광내) 오른편에 광내가 통하니 광내는 나라 비서를 두는 집이다.
左達承明(좌달승명) 왼편에 승명이 사무치니 승명은 사기를 교열하는 집이다.

漆	杜	亦	既
氵 汁 汁 汁 汁 漆 漆 漆	一 十 木 木 杜 杜 杜	亠 广 亣 亦 亦	白 自 自 自 旣 旣 既
シツ, うるし (lacquer)	ト, ふさぐ (close)	エキ, また (too)	キ, すでに (already)
옷 칠 칠	막 을 두	또 역	이 미 기
書	藁	聚	集
㇕ ⺕ 聿 聿 聿 書 書	艹 芇 芇 萵 萵 藁 藁	𠃌 耳 耴 取 取 聚 聚	亻 什 隹 隹 隹 集 集
ショ, かく (book)	コウ, わら (straw)	シュウ, あつまる (gather)	シュウ, あつまる (gather)
글 서	짚 고	모 을 취	모 을 집
壁	鍾	群	墳
尸 吕 辟 辟 辟 壁 壁	𠆢 金 金 釒 鈩 鍾 鍾	𠃌 ⺕ 尹 君 君 群 群	十 土 圵 圵 坢 墳 墳
ヘキ, かべ (wall)	ショウ, かね (bell)	グン, むれ (flock)	フン, はか (grave)
벽 벽	쇠 북 종	무 리 군	무 덤 분
經	隷	英	典
纟 幺 糸 紅 經 經 經	土 圭 圭 隶 隶 隷 隷	一 艹 艹 芇 苎 英 英	丨 冂 巾 曲 曲 曲 典
ケイ・キョウ (letter)	レイ, しもべ (writing)	エイ, はな (corolla)	テン, のり (regulations)
글 경	글 씨 례	꽃 부 리 영	법 전

既集墳典(기집분전) 이미 분과 전을 모았으니 삼황의 글은 삼분이요 오제의 글은 오전이다.

亦聚群英(역취군영) 또한 여러 영웅을 모으니 분전을 강론하여 치국하는 도를 밝힘이라.

杜藁鍾隷(두고종례) 초서를 처음으로 쓴 두고와 예서를 쓴 종례의 글로 비치되었다.

漆書壁經(칠서벽경) 한나라 영제가 돌벽에서 발견한 서적과 공자가 발견한 육경도 비치되어 있었다.

家	戶	路	府
カ·ケ, いえ (house)	コ, と (door)	ロ, みち (road)	フ, みやこ (goverment office)
집 가	문 호	길 로	마을 부
給	封	俠	羅
キュウ, たまう (give)	フウ, ふうじる (seal)	キョウ, おとこだて (chivalry)	ラ, あみ (net)
줄 급	봉할 봉	낄 협	벌여놓을 라
千	八	槐	將
セン, ち (thousand)	ハチ, やつ (eight)	カイ	ショウ, まさに (general)
일천 천	여덟 팔	홰나무 괴	장수 장
兵	縣	卿	相
ヘイ, つわもの (soldier)	ケン, かかる	ケ·キョウ, きみ (lord)	ショウ·ソウ·あい (each other)
군사 병	고을 현	벼슬 경	서로 상

府羅將相(부라장상) 마을 좌우에 장수와 정승이 벌여 있었다.
路俠槐卿(노협괴경) 길에 고위 고관인 삼공 구경의 마차가 열을 지어 궁전으로 들어가는 모습.
戶封八縣(호봉팔현) 한나라가 천하를 통일하고 여덟 고을 민호를 주어 공신을 봉하였다.
家給千兵(가급천병) 제후 나라에 일천 군사를 주어 그의 집을 호위시켰다.

車	世	驅	高
シヤ, くるま (cart)	セイ, よ (world)	ク, かる (drive away)	コウ, たかい (high)
수레 거〔차〕	인간 세	몰 구	높을 고
駕	祿	轂	冠
カ·ガ, のりもの (carriage)	ロク, さいわい (salary)	コク, こしき (a wheel)	カン, かんむり (crown)
멍에 가	녹 록	바퀴 곡	갓 관
肥	侈	振	陪
ヒ, こえる (fat)	シ, おごり (luxury)	シン, ふるう (shake;wield)	バイ, はべる (accompany)
살찔 비	사치할 치	떨칠 진	모실 배
輕	富	纓	輦
ケイ, かるい (light)	フ, とむ (rich)	エイ, ひも	レン, てぐるま (carriage)
가벼울 경	부자 부	끈 영	연 련

高冠陪輦(고관배련) 높은 관을 쓰고 연을 모시니 제후의 예로 대접했다.
驅轂振纓(구곡진영) 수레를 몰아 갓끈이 떨치니 임금 출행에 제후의 위엄이 있다.
世祿侈富(세록치부) 대대로 녹이 사치하고 부하니 제후 자손의 세세 관록이 무성하더라.
車駕肥輕(거가비경) 수레의 말은 살찌고 몸의 의복은 가볍게 차려져 있다.

佐	磻	勒	策
丿 亻 仁 仕 佐 佐 佐	厂 石 矿 砰 磻 磻 磻	廿 艹 昔 昔 革 靪 勒	𠂉 𥫗 𥫗 竺 笁 笧 策
サ, たすける (help)	ハン, やのねいし	ロク, くつわ (bridle)	サク, はかりごと (plan)
도 울 좌	돌 반	굴 레 륵	꾀 책

時	溪	碑	功
丨 冂 日 旪 旪 時 時	氵 汀 沂 沂 溪 溪 溪	厂 石 矿 矿 砷 碑 碑 (碑)	一 丅 工 玏 功 (功)
ジ, とき, (time)	ケイ, たに (rivulet)	ヒ, いしぶみ(tombstone)	コウ, いさお (merits)
때 시	시 내 계	비 석 비	공 공

阿	伊	刻	茂
了 阝 阝 阿 阿 阿 阿	丿 亻 仴 仴 伊 伊	亠 七 乡 亥 亥 刻 刻	一 艹 芦 芦 芪 茂 茂 (茂)
ア, おか (hill)	イ, これ (this)	コク, きざむ (carve)	ボウ・モ, しげる (dense)
언 덕 아	저 이	새 길 각	성 할 무

衡	尹	銘	實
丿 彳 彳 彳 衜 衡 衡	ㄱ ㅋ ヨ 尹	𠆢 𠂉 金 釸 釸 銘 銘	宀 宀 宁 宙 寊 實 實
コウ, はかり (balance)	イン, つかさ (govern)	メイ, しるし (engrave)	ジツ, みのる (fruit)
저 울 대 형	다 스 릴 윤	새 길 명	열 매 실

策功茂實(책공무실) 공을 꾀함에 무성하고 충실하더라.

勒碑刻銘(늑비각명) 비를 세워 이름을 새겨서 그 공을 찬양하며 후세에 전하였다.

磻溪伊尹(반계이윤) 문왕은 반계에서 강태공을 맞고 은왕은 신야에서 이윤을 맞이하였다.

佐時阿衡(좌시아형) 때를 돕는 아형이니 아형은 상나라 재상의 칭호이다.

濟	桓	微	奄
サイ,わたる(cross a stream)	カン (strong)	ビ・ミ,かすか (trifle)	エン, おおう (suddenly)
건 널 제	굳 셀 환	작 을 미	문 득 엄
弱	公	旦	宅
ジヤク,よわい (weak)	コウ,おおやけ (your esteemed)	タン,あした(morning)	タク, すまい (house)
약 할 약	귀 공	아 침 단	집 택
扶	匡	孰	曲
フ, たすける (seize)	キョウ,たたす(correct)	ジュク,たれ (who)	キョク,まがる, (bend)
붙 들 부	바 룰 광	누 구 숙	굽 을 곡
傾	合	營	阜
ケイ,かたむく (incline)	ゴウ,あう (sum)	エイ,いとなむ (manage)	フ, おか (hill)
기 울 경	모 을 합	경 영 영	언 덕 부

奄宅曲阜(엄택곡부) 주공의 공을 보답하는 마음으로 노국을 봉한 후 곡부에다 궁전을 세웠다.

微旦孰營(미단숙영) 주공 단이 아니면 어찌 큰 궁전을 세웠으리오.

桓公匡合(환공광합) 제나라 환공은 많은 제후를 회합시켰으니 초를 물리치고 난을 바로잡았다.

濟弱扶傾(제약부경) 약한 나라를 구제하고 기울어지는 제신을 도와서 붙들어 주었다.

多	俊	說	綺
タ, おおい (abundant)	シユン, すぐれる(outstanding)	セツ, とく (speak)	キ, あや (silk)
많을 다	준걸 준	말할 설[기뻐할 열]	비단 기
士	乂	感	回
シ, さむらい (scholar)	カイ (talent)	カン, うごく (feeling)	カイ, めぐり (return)
선비 사	재주 예	느낄 감	돌아올 회
寔	密	武	漢
ショク, まことに	ミツ, ひそか·しげし (thick)	ブ·ム, たけしい (military arts)	カン, から·あや
이 식	빽빽할 밀	호반 무	한수 한
寧	勿	丁	惠
ネイ, やすい (peaefulness)	ブツ·モツ, なかれ (do not)	テイ·チョウ, ひのと	ケイ, めぐむ (benefit)
편안 녕	말 물	장정 정	은혜 혜

綺回漢惠(기회한혜) 한나라 네 현인의 한 사람인 기가 한나라 혜제를 회복시켰다.
說感武丁(열감무정) 부열이 들에서 역사함에 무정이 꿈에 감동되어 곧 정승으로 삼으리라.
俊乂密勿(준예밀물) 준걸과 재사가 조정에 모여 빽빽하더라.
多士寔寧(다사식녕) 준걸과 재사가 조정에 많으니 국가가 태평함이라.

踐	假	趙	晋
センン, ふむ (tread on)	カ, かりる (a lie)	チョウ	シン, すすむ
밟을 천	거짓 가	나라 조	나라 진
土	途	魏	楚
ド, つち (earth)	ト, みち (road)	ギ, たかい	ソ, いばら
흙 토	길 도	나라 위	나라 초
會	滅	困	更
カイ, あう (meet)	メツ, ほろぶ (destroy)	コン, こまる (distress)	コウ, さらに (change)
모일 회	멸할 멸	곤할 곤	다시 갱 [고칠경]
盟	虢	橫	霸
メイ, ちかう (swear)	カク	オウ, よこ (width)	ハ, はたがしら (chief)
맹서 맹	나라 괵	비낄 횡	으뜸 패

晋楚更霸(진초갱패) 진과 초가 다시 으뜸이 되니 진문공 초장왕이 어진 정사를 폈기 때문이다.

趙魏困橫(조위곤횡) 조와 위는 횡에 곤하니 육국 때에 진나라를 섬기자 함을 횡이라 하니라.

假途滅虢(가도멸괵) 길을 빌려 괵국을 멸하니 진헌공이 우국 길을 빌려 괵국을 멸하였다.

踐土會盟(천토회맹) 진문공이 제후를 천토에 모아 맹세하고 협천자 이령제후(挾天子以令諸侯)하니라.

用	起	韓	何
丿 冂 月 月 用	十 土 ‡ 走 走 起 起	十 古 卓 卓 卓 韓 韓	ノ イ 仁 仃 何 何 何
ヨウ, もちいる (use)	キ, たつ·おこる (rise)	カン	カ, なに (how)
쓸 용	일어날 기	나라 한	어찌 하
軍	翦	弊 (弊)	遵
冖 冖 冖 冝 冝 冝 軍	艹 艹 前 前 前 翦 翦	艹 尚 尚 尚 敝 敝 弊	八 台 酋 酋 尊 尊 遵
グン, いくさ (army)	セン, きる (scissor)	ヘイ, やぶれる (worn-out)	ジュン, したがう (obey)
군사 군	가위 전	해질 폐	좇을 준
最 (最)	頗	煩	約
冂 日 旦 早 早 早 最	丿 厂 广 皮 皮 頗 頗	丷 火 灯 灯 灯 煩 煩	幺 乡 糸 糸 約 約
サイ, もっとも (most)	ハ, すこぶる (quite)	ハン, わずらう (troublesome)	ヤク, むすぶ (appointment)
가장 최	자못 파	번거로울 번	언약 약
精	牧	刑	法
丷 米 米 米 米 精 精	丿 牛 牛 牛 牛 牧 牧	一 二 于 开 刑 刑	氵 氵 汁 汁 法 法
セイ, ショウ (clean)	ボク·モク, まきば	ケイ, しおき (penalty)	ハツ·ホウ, のり (law)
정할 정	칠 목	형벌 형	법 법

何遵約法(하준약법) 소하는 한고조와 더불어 약법 삼장을 만들어 준수케 하였다.
韓弊煩刑(한폐번형) 한비는 진왕을 달래어 형벌을 펴다가 그 형벌에 죽는다.
起翦頗牧(기전파목) 백기와 왕전은 진나라 장수요 염파와 이목은 조나라 장수였다.
用軍最精(용군최정) 군사 쓰기를 가장 정결히 하였다.

百	九	馳	宣
ヒャク, もも (hundred)	キュウ·ク, ここのつ (nine)	チ, はしる (run)	セン, のべる (hold)
일 백 백	아 홉 구	달 릴 치	베 풀 선
郡	州	譽	威
グン, こおり (district)	シュウ·ス, しま (state)	ヨ, ほまれ (praise)	イ, たけし (dignity)
고 을 군	고 을 주	칭 찬 할 예	위 엄 위
秦	禹	丹	沙
シン	ウ	タン, あか (red)	サ, すな (sand)
나 라 진	임 금 우	붉 을 단	모 래 사
并 (竝)	跡	青	漠
ヘイ, あわせる (join together)	セキ, あと (trace)	セイ·ショウ, あお (blue)	バク, すなはら (far off;dim)
아 우 를 병	자 취 적	푸 를 청	아 득 할 막

宣威沙漠(선위사막) 장수로서 그 위엄은 멀리 사막에까지 퍼졌다.

馳譽丹青(치예단청) 그 명예를 생전뿐 아니라 죽은 후에도 전하기 위하여 초상을 기린각에 그렸다.

九州禹跡(구주우적) 하우씨가 구주를 분별하니 기·연·청·서·양·형·예·옹·동 등 구주이다.

百郡秦竝(백군진병) 진시황이 천하봉군하는 법을 폐하고 일백군을 두었다.

鷄	鴈	禪	嶽
ケイ, にわとり (rooster)	ガン, かり (wild goose)	ゼン, しずか	ガク, たけ (top of a mountain)
닭 계	기러기 안	터 닦을 선	산마루 악
田	門	主	宗
デン, た (dry field)	モン, かど (door)	シュ, ぬし (host)	ソウ, むね (the root)
밭 전	문 문	임금 주	근본 종
赤	紫	云	恒
セキ, あか (red)	ツ, むらさき (purple)	ウン, いう (tell)	コウ, つねに (always)
붉을 적	붉을 자	이를 운	항상 항
城	塞	亭	岱
セイ, しろ (castle)	ソク·サイ, ふさぐ (fortress)	テイ, ず (arbour)	タイ, しきち (site)
재 성	변방새[막을색]	정자 정	터 대

嶽宗恒岱(악종항대) 오악은 동태산·서화산·남형산·북항산·중숭산이니 항산과 태산이 조종이라.
禪主云亭(선주운정) 운과정은 천자를 봉선하고 제사하는 곳이니 운정은 태산에 있다.
鴈門紫塞(안문자새) 안문은 새도 넘어가지 못한다고 하는 높은 산이며, 자새는 만리 장성이다.
鷄田赤城(계전적성) 계전은 옹주에 있고 적성은 기주에 있는 고을이다.

巖	曠	鉅	昆
ガン, いわお (rock)	コウ, ひろい (empty)	キョ, おおいなり (great)	コン, あに (elder brother)
바 위 암	빌 광	클 거	맏 곤
峀	遠	野	池
シウ, いはあな (peak)	エン, とおい (far)	ヤ, の (field)	チ, いけ (pond)
멧 부 리 수	멀 원	들 야	못 지
杳	緜	洞	碣
ヨウ, はるか (obscure)	メン, わた (cotton)	トウ·ドウ, ほら (village)	ケツ, いしぶみ (stone tablet)
아 득 할 묘	솜 면	고 을 동	돌 갈
冥	邈	庭	石
メイ, くらい (dark)	バク, とおい (far-off)	テイ, にわ (yard)	セキ, いし (stone)
어 두 울 명	멀 막	뜰 정	돌 석

昆池碣石(곤지갈석) 곤지는 운남 곤명현에 있고 갈석은 부평현에 있다.

鉅野洞庭(거야동정) 거야는 태산 동편에 있는 광야이고 동정은 호남성에 있는 중국 제일의 호수이다.

曠遠緜邈(광원면막) 산·벌판·호수 등의 아득하고 멀리 그리고 널리 줄지어 있음을 말한 것이다.

巖峀杳冥(암수묘명) 큰 바위와 멧부리가 묘연하고 아득함을 말한 것이다.

我	俶	務	治
ガ, われ (myself)	シュク·テキ, はじめ	ム, つとめる(make efforts)	チ·ジ, おさめる(govern)
나 아	비로소 숙	힘쓸 무	다스릴 치
藝	載	玆	本
ゲイ, わざ (talent)	サイ·タイ, のせる(load)	シ, これ (this)	ホン, もと (root)
재주 예	실을 재	이 자	근본 본
黍	南	稼	於
ショ, きび (millet)	ナン, みなみ (south)	カ, うえる (plant)	オ, おいて
기장 서	남녘 남	심을 가	어조사 어
稷	畝	穡	農
ショク, きび(barnyard millet)	ホ, うね (ridge of field)	ショク, とりいれ(harvest)	ノウ, たづくり (farming)
피 직	이랑 묘	거둘 색	농사 농

治本於農(치본어농) 다스리는 것은 농사를 근본으로 하니 즉 중농 정치를 말하였다.

務玆稼穡(무자가색) 때를 맞추어 심고 거두는 데 힘써야 한다.

俶載南畝(숙재남묘) 비로소 남양의 밭에서 농작물을 배양한다.

我藝黍稷(아예서직) 나는 기장과 피를 심는 일에 열중하겠다.

史	孟	勸	稅
シ, ふみ (history)	モウ, おさ (the eldest)	ケン·カン, すすむ (advise)	ゼイ, ねんぐ (tax)
사 기 사	맏 맹	권 할 권	부 세 세
魚	軻	賞	熟
ギョ, うお (fish)	カ (wagon)	ショウ, ほめる(give a prize)	ジユク, にる (ripe)
고 기 어	수 레 가	상 줄 상	익 힐 숙
秉	敦	黜	貢
ヘイ, とる (hold)	トン, あつい (cordial)	チユツ, しりぞける(driving out)	コウ·ク, みつぎ (offer)
잡 을 병	도 타 울 돈	내 칠 출	바 칠 공
直	素	陟	新
チョク, なおす (straight)	ソ, もと (white)	チョク, のぼる (ascend)	シン, あたらしい (new)
곧 을 직	흴 소	오 를 척	새 신

稅熟貢新(세숙공신) 곡식이 익으면 부세하여 국용을 준비하고 신곡으로 종묘에 제사를 올린다.
勸賞黜陟(권상출척) 농민의 의기를 앙양키 위하여 열심한 자는 상 주고 게을리 한 자는 출척하였다.
孟軻敦素(맹가돈소) 맹자는 그 모친의 교훈을 받아 성질이 두텁고 유순하였다.
史魚秉直(사어병직) 사어라는 사람은 위나라 태부였으며 그 성품이 매우 강직하였다.

鑑	聆	勞	庶
カン, かがみ (mirror)	レイ, リョウ (hear)	ロウ, つとめる (trouble)	ショ, もろもろ (all sort of)
거울 감	들을 령	수고할 로	여러 서
貌 (貌)	音	謙 (謙)	幾 (幾)
ボウ, かたち (appearance)	オン, おと (sound)	ケン, へりくだる (humility)	キ, いくばく (some)
모양 모	소리 음	겸손 겸	몇 기
辨	察	謹	中
ベン, わかつ (classification)	サツ, しらべる (watch)	キン, つつしむ (restrain oneself)	チユウ, なか (midst)
분별할 변	살필 찰	삼갈 근	가운데 중
色	理	勅 (勅)	庸
ショク, いろ (colour)	リ, おさめる (regulate)	チョク, みことのり (Royal letter)	ヨウ, つね (honorable)
빛 색	다스릴 리	칙서 칙	떳떳할 용

庶幾中庸(서기중용) 어떠한 일이나 한쪽으로 기울어지게 일하면 안 된다.
勞謙謹勅(노겸근칙) 근로하고 겸손하며 삼가고 신칙하면 중용의 도에 이른다.
聆音察理(영음찰리) 소리를 듣고 그 거동을 살피니 조그마한 일이라도 주의하여야 한다.
鑑貌辨色(감모변색) 모양과 거동으로써 그 마음 속을 분별할 수 있다.

寵	省	勉	貽
チョウ, めぐみ (bestow)	セイ·ショ ウ,かえりみる	ベン,つとめる(make efforts)	イ, おくる (give to)
사랑할총	살 필 성	힘 쓸 면	끼 칠 이
增	躬	其	厥
ゾウ, ます (more)	キユウ,からだ (body)	キ, その (it)	ケツ ,それ (the)
더 할 증	몸 궁	그 기	그 궐
抗	譏	祗	嘉
コウ, ふせぐ (rivalry)	キ, そしる (scold)	シ, つつしむ(respect)	カ, よい (lovely)
겨 룰 항	나 무 랄 기	공 경 지	아름다울가
極	誡	植	猷
キョク, きわまる (utmost)	カイ, いましめ (warn)	ショク , うえる (plant)	ユウ , はかる(wisdom)
극 진 할 극	경 계 계	심 을 식	꾀 유

貽厥嘉猷(이궐가유) 도리를 지키고 착한 일을 하여 자손에게 좋은 것을 남기어야 한다.
勉其祗植(면기지식) 착한 것을 자손에게 심어 주는 데 힘써야 하며 좋은 가정을 이루어라.
省躬譏誡(성궁기계) 기롱과 경계함이 있는가 염려하며 몸을 살펴라.
寵增抗極(총증항극) 총애가 더할수록 교만한 태도를 부리지 말고 더욱 조심하여야 한다.

解	兩	林	殆
解	兩	林	殆
𠂊 角 角 角 角 解 解	一 厂 冂 币 币 両 兩	一 十 才 木 村 材 林	一 ア 歹 歹 歹 殆 殆
カイ, とく (explain)	リョウ, ふたつ (both)	リン, はやし (forest)	タイ, あやうい (dangerous)
풀 해	두 량	수 풀 림	위 태 할 태
組	疏	皐	辱
〳 幺 糸 糸 糸 組 組	一 了 𤴓 𤴓 𤴓 疏 疏	丨 白 白 皀 皇 皐 皐	一 厂 尸 尸 辰 辱 辱
ソ, くみ (section)	ソ, うとい (sparse)	コウ, きし (pond side)	ジョク, はずかしめる (abuse)
짤 조	상 소 할 소	언 덕 고	욕 할 욕
誰	見	幸	近
亠 言 言 訁 訁 訁 誰	丨 冂 日 目 目 貝 見	十 土 土 去 去 幸 幸	一 厂 斤 斤 沂 沂 近
スイ, だれ (who)	ケン, みる (see)	コウ, さいわい (good luck)	キン・キ, ちかい (near)
누 구 수	볼 견	다 행 행	가 까 울 근
逼	機	即	恥
一 亩 畐 畐 畐 逼 逼	木 木 杉 枔 機 機 機	丁 ㇆ ㇆ 月 艮 即 即	厂 F 耳 耳 恥 恥 恥
ヒツ, せまる (close)	キ, からくり (machine)	ソク, すなわち (namely)	チ, はじ (shame)
핍 박 할 핍	틀 기	곧 즉	부 끄 러 울 치

殆辱近恥(태욕근치) 총애를 받는다고 욕된 일을 하면 멀지 않아 위태함과 치욕이 온다.

林皐幸即(임고행즉) 수풀 언덕에 나아가 지내는 것도 다행한 일이니 부귀할지라도 겸퇴할지어다.

兩疏見機(양소견기) 한나라의 소광과 소수는 기틀을 보고 상소하고 낙향했다.

解組誰逼(해조수핍) 관의 끈을 풀어 사직하고 돌아가니 누가 핍박하리오.

散	求	沈	索
サン, ちる (scatter about)	キュウ,もとめる(seek after)	チン, しずむ (sink)	サク, つな・さがす (search for)
흩 을 산	구 할 구	잠 길 침	찾 을 색
慮	古	默	居
リョ, おもんばかる(reflection)	コ, いにしえ (antiquity)	モク, だまる (silent)	キョ, いる (dwell)
생 각 려	옛 고	잠 잠 할 묵	살 거
逍	尋	寂	閑
ショウ, ぶらつく (ramble)	ジン, たずねる (look for)	セキ, さびしい (desolate)	カン, ひま (be idle)
노 닐 소	찾 을 심	고 요 할 적	한 가 할 한
遙	論	寥	處
ヨウ, はるか (distant)	ロン, はかる (consult)	リョウ, さびしい (be quiet)	ショ, ところ (place)
멀 요	의 론 론	고 요 할 료	곳 처

索居閑處(색거한처) 퇴직하여 한가한 곳에서 세상을 보냈다.
沈默寂寥(침묵적료) 세상에 나와서 교제하는 데도 언행에 침착해야 한다.
求古尋論(구고심론) 예를 찾아 의론하고 고인을 찾아 토론한다.
散慮逍遙(산려소요) 세상일을 잊어버리고 자연 속에 한가히 즐긴다.

園	渠	慼	欣
エン, その (garden)	キョ, みぞ (drainage)	セキ, うれえる (sorrow)	キン, よろこぶ (joy)
동 산 원	개 천 거	슬 플 척	기 쁠 흔
莽	荷	謝	奏
モウ·ボウ, くさ (grass)	カ, になう (a burden)	シャ, ことわる (thanks)	ソウ, すすめる (inform)
풀 망	짐 하	사 례 사	아 뢸 주
抽	的	歡	累
チュウ, ひく (draw)	テキ, まと (target)	カン, よろこぶ (enjoy)	ルイ, かさねる (repeat)
빼 낼 추	과 녁 적	즐 길 환	여 러 루
條	歷	招	遣
ジョウ, えだ (items)	レキ, へる (pass through)	ショウ, まねく (invite)	ケン, つかわす (send)
조 목 조	지 낼 력	부 를 초	보 낼 견

欣奏累遣(흔주누견) 기쁨은 아뢰고 더러움은 보내니.

慼謝歡招(척사환초) 심중의 슬픈 것은 없어지고 즐거움만 부른 듯이 오게 된다.

渠荷的歷(거하적력) 개천의 연꽃도 아름다우니 향기를 잡아 볼 만하다.

園莽抽條(원망추조), 동산의 풀은 땅속 양분으로 가지가 뻗고 크게 자란다.

落	陳	梧	枇
ラク, おつ (fall)	チン, つらねる (arrange)	ゴ, あおぎり (paulownia)	ヒ, ビ (loquat)
떨어질 락	베 풀 진	오 동 오	나 무 비
葉	根	桐	杷
ヨウ・ショウ (leaf)	コン, ね (root)	トウ, きり (paulownia)	ハ, さらい (loquat)
잎사귀 엽	뿌 리 근	오 동 동	나 무 파
飄	委	早	晩
ヒョウ, つむじ(whirl wind)	イ, ゆだねる (entrust)	ソウ, はやい (early)	バン, くれ・おそし(lateness)
나부낄 표	맡 길 위	이 를 조	늦 을 만
飆	翳	凋	翠
ヨウ (floating in the air)	エイ, かざす (shade)	チョウ, しぼむ(wither)	スイみどり, (blue)
나부낄 요	가 릴 예	마 를 조	푸 를 취

枇杷晩翠(비파만취) 비파나무는 늦은 겨울에도 그 빛은 푸르다.
梧桐早凋(오동조조) 오동잎은 가을이 되면 다른 나무보다 먼저 마른다.
陳根委翳(진근위예) 가을이 오면 오동뿐 아니라 고목의 뿌리도 시들고 마른다.
落葉飄飆(낙엽표요) 가을이 오면 낙엽이 펄펄 날리며 떨어진다.

寓	耽	凌	遊
グウ, よる (sojourn)	タン, ふける (addict to)	リョウ, しのぐ(exceed)	ユウ·ユ, あそぶ (play)
붙 일 우	즐 길 탐	업신여길릉	놀 유
目	讀	摩	鵾
ボク·モク, め (eye)	トク·ドク, よむ (read)	マ, する (rub; polish)	コン, はららご(seamonster)
눈 목	읽 을 독	만 질 마	고 니 곤
囊	翫	絳	獨
ノウ, ふくろ (purse)	カン, もてあそぶ (toy)	コウ, あけ·あか (deep red color)	ドク, ひとり (alone)
주머니낭	구 경 완	붉 을 강	홀 로 독
箱	市	霄	運
ソウ, はこ (box)	シ, いち (market)	ショウ, そら (sky)	ウン, はこぶ (operation)
상 자 상	저 자 시	하 늘 소	운 전 운

遊鵾獨運(유곤독운) 동천에 높이 나는 고니새는 홀로 운회한다.
凌摩絳霄(능마강소) 저녁의 붉은 놀이 낀 하늘을 업신여기듯 날아 노닌다.
耽讀翫市(탐독완시) 한나라의 왕충은 독서를 즐겨 서점에 가서 탐독하였다.
寓目囊箱(우목낭상) 왕총이 한번 읽으면 잊지 아니하여 글을 주머니나 상자에 둠과 같다고 하였다.

適	具	屬	易
テキ, かなう (opportunely)	グ, そなえる (possess)	ゾク, つく (belong to)	エキ, かえる·やすし (easy)
마 침 적	갖 출 구	붙 일 속	쉬울 이[바꿀역]

口	膳	耳	輶
コウ・ク, くち (mouth)	ゼン, ぜん (cooked food)	ジ, みみ (ear)	ユウ, かるい (light)
입 구	반 찬 선	귀 이	가 벼 울 유

充	飡	垣	攸
ジュウ, みちる(fill up)	ソン, ばんめし (supper)	エン, かき (wall)	ユウ, ところ (far distant)
채 울 충	밥 손	담 원	곳 유

腸	飯	墻	畏
チョウ, はらわた(the bowels)	ハン, めし (boiled rice)	ショウ, かき (fence)	イ, おそれる(dread;fear)
창 자 장	밥 반	담 장	두 려 울 외

易輶攸畏(이유유외) 군자는 앞뒤를 생각지 않고 가벼이 말함을 두려워한다.

屬耳垣墻(속이원장) 벽에도 귀가 있다는 말과 같이 경솔히 말하는 것을 조심하여라.

具膳飡飯(구선손반) 반찬을 갖추고 밥을 먹으니.

適口充腸(적구충장) 훌륭한 음식이 아니라도 입에 맞으면 배를 채운다.

老	親	飢	飽
ロウ, おい (old)	シン, したしむ(related)	キ, うえる (starve)	ホウ, あきる (eating one's fill)
늙 을 로	친 할 친	주 릴 기	배 부 를 포
少	戚	厭	飫
ショウ, すくない (young)	セキ, みうち (race)	エン, あきる (unwilling)	ヨ, あく・さかもり (eat too much)
젊 을 소	겨 레 척	싫 을 염	배 부 를 어
異	故	糟	烹
イ, ことなる (different)	コ, ゆえ (reason)	ソウ, かす (dregs)	ホウ, にる (boil)
다 를 이	연 고 고	재 강 조	삶 을 팽
糧	舊	糠	宰
リョウ, かて (provisions)	キュウ, ふるい (old)	コウ, ぬか (chaff)	サイ, つかさ (the premier)
양 식 량	옛 구	겨 강	재 상 재

飽飫烹宰(포어팽재) 배가 부를 때에는 아무리 좋은 음식이라도 그 맛을 모른다.
飢厭糟糠(기염조강) 반대로 배가 고플 때에는 겨와 재강도 맛있게 되는 것이다.
親戚故舊(친척고구) 친은 동성지친이고 척은 이성지친이며 고구는 오랜 친구를 말한다.
老少異糧(노소이량) 늙은이와 젊은이의 식사가 다르다.

銀	紈	侍	妾
ギン, しろがね (silver)	ガン (white silk)	ジ, さむらい (serve)	ショウ, めかけ (concubine)
은 은	흰 비 단 환	모 실 시	첩 첩
燭	扇	巾	御
ショク, ともしび (candle)	セン, うちわ (fan)	キン, ふきん (towel)	ギョ・ゴ, すべる (royal)
촛 불 촉	부 채 선	수 건 건	모 실 어
煒	圓	帷	績
キ, かがやく (bright)	エン, まる (round)	イ, とばり (a curtain)	セキ, つむぐ (spin)
빛 날 위	둥 글 원	장 막 유	길 쌈 적
煌	潔	房	紡
コウ, かがやく (luminous)	ケツ, きよし (clean)	ボウ, へや (room)	ボウ, つむぐ (spin)
빛 날 황	맑 을 결	방 방	길 쌈 방

妾御績紡(첩어적방) 남자는 밖에서 일하고 여자는 안에서 길쌈을 짜느니라.
侍巾帷房(시건유방) 유방에서 모시고 수건을 받드니 처첩의 하는 일이다.
紈扇圓潔(환선원결) 깁부채는 둥글고 깨끗하다.
銀燭煒煌(은촉위황) 은촛대의 촛불은 빛나서 휘황 찬란하다.

接	絃	藍	晝
セツ, まじわる(join;connect)	ゲン, いと (string)	ラン, あい (indigo)	チュウ, ひる (daytime)
이을 접	줄 현	쪽 람	낮 주
杯 (盃)	歌	筍	眠
ハイ, さかずき (cup)	ジュン カ, うた (song)	ジュン, たけのこ(bamboo shoot)	ミン, ねむる (sleep)
잔 배	노래 가	대순 순	잘 면
擧 (擧)	酒	象	夕
キョ, あげる (lift)	シュ, さけ (wine)	ショウ, ぞう (elephant)	セキ, ゆう (evening)
들 거	술 주	코끼리 상	저녁 석
觴 (觴)	讌 (讌)	床	寐
ショウ, さかずき (goblet)	エン, さかもり (party)	ショウ, ゆか (couch)	ビ, ねる (sleep)
잔 상	잔치 연	상 상	잘 매

晝眠夕寐(주면석매) 낮에 낮잠자고 밤에 일찍 자니 한가한 사람의 일이다.
藍筍象床(남순상상) 푸른 대순과 코끼리 상이니 즉 한가한 사람의 침상이다.
絃歌酒讌(현가주연) 거문고를 타며 술과 노래로 잔치하니.
接杯擧觴(접배거상) 작고 큰 술잔을 서로 주고받으며 즐기는 모습이다.

祭	嫡	悅	矯
サイ, まつり(a sacrificial rite)	テキ, よつぎ (eldest son)	エツ, よろこぶ (glad)	キョウ.いつわる (lift up)
제 사 제	맏 적	기 쁠 열	바로잡을교
祀	後	豫	手
シ, まつり (a sacrificial rite)	コウ, あと (rear)	ヨ, あらかじめ(beforehand)	シュ, て (hand)
제 사 사	뒤 후	미 리 예	손 수
蒸	嗣	且	頓
ジョウ, むす (steam)	シ, つぐ (succeed)	シャ, かつ (and)	トン, ぬかずく(beat)
찔 증	이 을 사	또 차	두 드 릴 돈
嘗	續	康	足
ショウ, なめる(taste)	ゾク, つづける(continuous)	コウ, やすい(being well)	ソク, あし (foot)
맛 볼 상	이 을 속	편 안 강	발 족

矯手頓足(교수돈족) 손을 들고 발을 두드리며 춤을 춘다.
悅豫且康(열예차강) 이상과 같이 마음 편히 즐기고 살면 단란한 가정이다.
嫡後嗣續(적후사속) 적실 즉 장남은 뒤를 계속하여 대를 잇는다.
祭祀蒸嘗(제사증상) 제사 지내되 겨울제사는 증이라 하고 가을제사는 상이라 한다.

顧	牋	悚	稽
コ, かえりみる (care for)	セン, てがみ (letter)	ショウ, おそれる (fear)	ケイ, かんがえる (give a deep bow)
돌아볼 고	편지 전	두려울 송	조아릴 계
答	牒	懼	顙
トウ, こたえる (answer)	チョウ, かきもの (letter)	ク, おそれる (fearful)	ソウ, ひたい (forehead)
대답 답	편지 첩	두려울 구	이마 상
審	簡	恐	再
シン, つまびらか (notice)	カン, てがみ (letter)	キョウ, おそれる (fear)	サイ, ふたたび (again)
살필 심	편지 간	두려울 공	두번 재
詳	要	惶	拜
ショウ, くわしい (detail)	ヨウ, もとめる (require)	コウ, おそれる (fearful)	ハイ, おがむ (bow)
자세할 상	요할 요	두려울 황	절 배

稽顙再拜(계상재배) 이마를 조아려 선조에게 두번 절한다.

悚懼恐惶(송구공황) 송구하고 공황하니 엄중·공경함이 지극함이라.

牋牒簡要(전첩간요) 글과 편지는 간략함을 요한다.

顧答審詳(고답심상) 편지의 회답도 자세히 살펴 써야 한다.

駭	驢	執	骸
ガイ, おどろく (astonishid)	リョ, うさぎうま (donkey)	シュウ, とる (catch)	カイ, ガイ, ほね (a bone)
놀 랄 해	나 귀 려	잡 을 집	뼈 해
躍	騾	熱	垢
ヤク, おどる (leap)	ラ, らば (mule)	ネツ, あつい (hot)	コウ・ク, あか (dirt)
뛸 약	노 새 라	뜨 거 울 열	때 구
超	犢	願	想
チョウ, こえる(leap over)	トク, こうし (calf)	ガン, ねがう (desire)	ソウ, おもう (think)
뛰 어 넘 을 초	송 아 지 독	원 할 원	생 각 할 상
驤	特	涼	浴
ジョウ, はしる (run)	トク, おうし (special)	リョウ, すずしい (cool)	ヨク, あびる (bathe)
달 릴 양	특 별 특	서 늘 할 량	목 욕 할 욕

骸垢想浴(해구상욕) 몸에 때가 끼면 목욕하기를 생각하고.
執熱願涼(집열원량) 더우면 서늘하기를 원한다.
驢騾犢特(여라독특) 나귀와 노새와 송아지 즉 가축을 말함.
駭躍超驤(해약초양) 뛰고 달리며 노는 가축의 모습을 말함.

嵇	布	捕	誅
ケイ(name of a mountain)	ホ,ぬの (cloth)	ホ,とらえる (catch)	チュウ,ころす (kill)
메 혜	베 포	잡을 포	벨 주
琴	射	獲	斬
キン,こと(a Korean harp)	シヤ,いる (shoot)	カク,える(gain)	ザン,きる (cut)
거문고 금	쏠 사	얻을 획	벨 참
阮	遼	叛	賊
ゲン (a surname)	リョウ,とおい (distant)	ハン・ホン,そむく(betrayal)	ゾク,ぬすびと(thief)
성 완	멀 료	배반할 반	도둑 적
嘯	丸	亡	盜
ショウ,うそぶく (whistle)	ガン,たま (pill; ball)	ボウ,ほろびる(running away)	トウ,ぬすむ (thief)
휘파람 소	둥글 환	도망 망	도둑 도

誅斬賊盜(주참적도) 역적과 도적을 베어 물리치고.

捕獲叛亡(포획반망) 배반하고 도망치는 자를 잡아 죄를 다스린다.

布射遼丸(포사요환) 한나라 여포는 화살을 잘 쐈고 의료는 탄자를 잘 던졌다.

嵇琴阮嘯(혜금완소) 위국 혜강은 거문고를 잘 타고 완적은 휘파람을 잘 불었다.

並	釋	鈞	恬
ヘイ,ならぶ(side by side)	セキ,とく(release)	キン,ひとし(weighty)	テン,しずか(being well)
아우를병	놓을석	무거울균	편안념
皆	紛	巧	筆
カイ,みな(all)	フン,みだる(confused)	コウ,たくみ(talent)	ヒツ,ふで(a brush)
다개	어지러울분	공교로울교	붓필
佳	利	任	倫
カ,うつくしい(beauty)	リ,とし(benefit)	ニン,まかせる(charge)	リン,たぐい(humanity)
아름다울가	이할리	맡길임	인륜륜
妙	俗	釣	紙
ビョウ,たえ(strange)	ゾク,ならい(manners)	チョウ,つり(fishing)	シ,かみ(paper)
묘할묘	풍속속	낚시조	종이지

恬筆倫紙(염필윤지) 진국 봉념은 토끼털로 처음 붓을 만들었고 후한 채륜은 처음 종이를 만들었다.
鈞巧任釣(균교임조) 위국 마균은 지남거를 만들고 전국 시대 임공자는 낚시를 만들었다.
釋紛利俗(석분이속) 이상 팔인의 재주를 다하여 어지러움을 풀어 풍속에 이롭게 하였다.
並皆佳妙(병개가묘) 모두가 아름다우며 묘한 재주였다.

字	筆順	音訓	뜻
義	丷 䒑 羊 羊 羊 義 義	ギ	복 희 희
年	ノ 𠂉 𠂉 𠂉 午 年	ネン, とし (year)	해 년
工	一 丅 工	コウ, ク, たくみ (artisan)	장 인 공
毛	一 二 三 毛	モウ, け (hair)	털 모
暉	丨 日 日 日 日 日 暉	キ, ひかり (bright)	빛 날 휘
矢	ノ 𠂉 𠂉 午 矢	シ, や (arrow)	화 살 시
嚬	口 口 口 口 口 口 嚬	ヒン, ひそめる (frown)	찡 그 릴 빈
施	亠 方 方 方 方 方 施	シ, ほどこす (bestow)	베 풀· 시
朗	丶 ㇇ 良 良 朗 朗 朗	ロウ, ほがらか (bright)	밝 을 랑
每	ノ 𠂉 仁 每 每 每 每	マイ, つねに (each)	매 양 매
姸	乚 女 女 女 女 妍 姸	ケン, うつくし (pretty)	고 울 연
淑	丶 氵 氵 氵 氵 淑 淑	シュク, よし (clear)	맑 을 숙
曜	丨 日 日 日 日 日 曜	ヨウ, かがやく (glorious)	빛 날 요
催	亻 亻 亻 亻 亻 亻 催	サイ, うながす (pressing)	재 촉 최
笑	ノ 𠂉 竹 竹 竺 竽 笑	ショウ, わらう (laugh)	웃 음 소
姿	丶 冫 冫 次 次 姿 姿	シ, すがた (figure)	모 양 자

毛施淑姿(모시숙자) 모는 오의 모장이라는 여인이고 시는 월의 서시라는 여인인데 모두 절세 미인이었다.

工嚬姸笑(공빈연소) 이 두 미인의 웃는 모습이 매우 곱고 아름다웠다.

年矢每催(연시매최) 세월이 빠른 것을 말함. 즉 살같이 매양 재촉하니.

羲暉朗曜(희휘낭요) 태양빛과 달빛은 온세상을 비추어 만물에 혜택을 주고 있다.

永	指	晦	璇
エイ, ながい (eternal)	シ, ゆび (fingers)	カイ, つごもり	セン, たま (pearl)
길 영	손가락 지	그믐 회	구슬 선
綏	薪	魄	璣
スイ, ひも (peace)	シン, たきぎ (firewood)	ハク, たましい (a soul)	キ, たま (pearl)
편안할 수 [기드림 유]	땔나무 신	넋 백	구슬 기
吉	脩	環	懸
キツ・キチ, よし (by lucky)	シュウ, おさめる (training)	カン, たまき (ring)	ケン, かける (hang)
길할 길	닦을 수	고리 환	매달 현
邵	祐	照	斡
ショウ (high)	ユウ, たすける (god's help)	ショウ, てらす (flash on)	アツ, めぐる (revolution)
높을 소	복 우	비칠 조	돌 알

璇璣懸斡(선기현알) 선기는 천기를 보는 기구이고 그 기구가 높이 걸려 도는 것을 말함.
晦魄環照(회백환조) 달이 고리와 같이 돌며 천지를 비추는 것을 말한 것이다.
指薪修祐(지신수우) 불타는 나무와 같은 정열로 도리를 닦으면 복을 얻는다.
永綏吉邵(영수길소) 그리고 영구히 편안하고 길함이 높으리라.

徘	束	俯	矩
ハイ,さまよう(wander about)	ソク,たば (bind)	フ,ふす (bend down)	ク,さしがね (law)
배 회 배	묶 을 속	숙 일 부	법 구
徊	帶	仰	步
カイ,さまよう(wander about)	タイ,おび (belt)	ギョウ,あおぐ (respect)	ホ・ブ,あゆみ (walk)
배 회 회	띠 대	우 러 를 앙	걸 음 보
瞻	矜	廊	引
セン,みる(see)	キン,ほこり (proud)	ロウ,ひさし(servants'room)	イン,ひく (lead)
볼 첨	자 랑 긍	행 랑 랑	끌 인
眺	莊	廟	領
チョウ,ながめる (look)	ソウ,ショウ,おごそか (manly)	ビョウ,たまや(shrine)	リョウ,うなじ (occupy)
볼 조	씩 씩 할 장	사 당 묘	거 느 릴 령

矩步引領(구보인령) 걸음을 바로 걷고 행실도 바르니 위의가 당당하다.

俯仰廊廟(부앙낭묘) 항상 낭묘에 있는 것으로 생각하고 머리를 숙여 예의를 지켜라.

束帶矜莊(속대긍장) 의복에 주의하여 단정히 함으로써 긍지를 갖는다.

徘徊瞻眺(배회첨조) 같은 장소를 배회하면서 선후를 보는 모양이다.

焉	謂	愚	孤
エン, なんぞ	イ, いう (speak of)	グ, おろか (stupid)	コ, みなしご (solitude)
어 찌 언	이 를 위	어리석을 우	외로울 고
哉	語	蒙	陋
サイ, かな	ゴ, ことば (words)	モウ, くらい (ignorance)	ロウ, いやしい (dirty)
어조사 재	말 씀 어	어 릴 몽	더러울 루
乎	助	等	寡
コ, か・や	ジョ, たすける (help)	トウ, ひとしい (grade)	カ, すくない (little)
어조사 호	도 울 조	등 급 등	적 을 과
也	者	誚	聞
ヤ, なり	シャ, もの (person)	ショウ, せめる (blame)	ブン・モン, きく (hear)
어조사 야	놈 자	꾸짖을 초	들 을 문

孤陋寡聞(고루과문) 배운 것이 고루하고 들은 것이 적다[천자문 저자 자신을 낮추어서 겸손하게 말한 것이다].

愚蒙等誚(우몽등초) 적고 어리석어 몽매함을 면치 못한다는 것을 말한 것이다.

謂語助者(위어조자) 어조라 함은 한문의 조사 즉 다음 글자이다.

焉哉乎也(언재호야) 언·재·호·야,이 네 글자는 어조사이다.

영자 팔법(永字八法)

중국 후한(後漢)의 문인(文人)이며 서가(書家)인 채 옹(蔡邕…132~192)이 고안한 것으로, 모든 한자에 공통되는 획의 운필법(運筆法)을 「永」자의 여덟 가지 획으로 설명한 것인데, 이를 영자 팔법(永字八法)이라 한다.

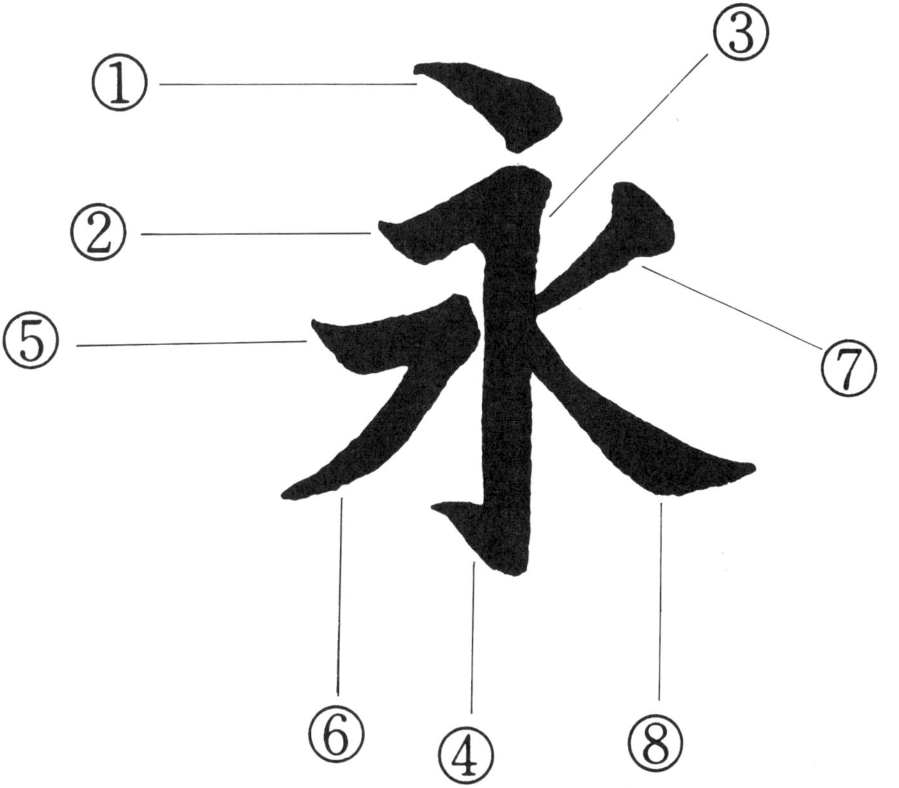

① 側(측)…점찍는 법(上點)

② 勒(늑)…가로 긋는 법(平橫)

③ 努(노)…내리 긋는 법(中直)

④ 趯(적)…올려 치는 법(下句)

⑤ 策(책)…오른쪽으로 치키는 법(左挑)

⑥ 掠(약)…길게 삐치는 법(右拂)

⑦ 啄(탁)…짧게 삐치는 법(左擎)

⑧ 磔(책)…파임하는 법(右捺)

◇紙榜 쓰는 書式◇

지방(紙榜)은 길이 22㎝, 넓이 6㎝ 정도의 백지(白紙)에 다 정자로 정성을 다하여 깨끗하게 써야 한다。

◎高祖父母의 紙榜

顯高祖妣孺人 金海金氏 神位

顯高祖考學生府君 神位

◎曾祖父母의 紙榜

顯曾祖妣孺人 安東權氏 神位

顯曾祖考學生府君 神位

◎祖父母의 紙榜

顯祖妣孺人 達城徐氏 神位

顯祖考學生府君 神位

◎父母의 紙榜

顯妣孺人 清州楊氏 神位

顯考學生府君 神位

◎伯父·伯母의 紙榜

顯伯母孺人 坡平尹氏 神位

顯伯父學生府君 神位

◎兄·兄嫂의 紙榜

顯兄嫂孺人 全州李氏 神位

顯兄學生府君 神位

◎男便·妻·弟의 紙榜

顯辟學生府君 神位

亡室孺人 文化柳氏 神位

亡弟 (이)(름) 神位

【參考】

◎「考」와 「妣」는 「父」·「母」와 같은 뜻으로서 生前에는 「父」·「母」로 쓰며 死後에는 「考」·「妣」라 쓴다。

◎故人에게 官爵이 있으면 「學生」 대신에 官爵을 쓴다。

◎妻의 祭에는 子息이 있어도 남편이, 子息祭에는 孫子가 있어도 父가 祭主가 된다。

◇ 忌祭祝 書式 ◇

축문(祝文)은 신위(神位)에 고(告)하는 글로서 제위(祭位)분께 「해가 바뀌어 망일(亡日)을 맞이하니 추모(追慕)의 정을 이길 길 없어 간소하나마 제수를 차리고 전(奠)을 드리오니 흠향하소서」 하는 뜻이다。

〔例一〕 考의 單位祝

維歲次(유세차) 壬辰(임진) 三月(삼월) 乙酉朔(을유삭) 初三日(초삼일) 丁亥(정해) 孝子(효자) ○○(이름)

敢昭告于(감소고우)

顯考學生(현고학생)(又는 官爵)府君(부군) 歲序遷易(세서천역) 諱日復臨(휘일부림) 追遠感時(추원감시) 昊天罔極(호천망극)(父母에 限해서만 씀)

謹以(근이) 淸酌庶羞(청작서수) 恭伸奠獻(공신전헌) 尙(상)

饗(향)

〔例二〕 妣의 單位祝

維歲次(유세차) 庚申(경신) 六月(유월) 壬午朔(임오삭) 二十六日(이십육일) 丁未(정미) 孝子(효자) ○○(이름)

敢昭告于(감소고우)

顯妣孺人(현비유인) 淸松沈氏(청송심씨) 歲序遷易(세서천역) 諱日復臨(휘일부림) 追遠感時(추원감시) 昊天罔極(호천망극)

謹以(근이) 淸酌庶羞(청작서수) 恭伸奠獻(공신전헌) 尙(상)

饗(향)

〈例三〉 祖父母의 合祀祝

維歲次(유세차) 癸卯(계묘) 四月(사월) 乙亥朔(을해삭) 初七日(초칠일) 辛巳(신사) 孝子(효손) ○○(이름)

敢昭告于(감소고우)

顯祖考學生府君(현조고학생부군)

顯祖妣孺人(현조비유인) 光山金氏(광산김씨) 歲序遷易(세서천역)

顯祖考學生府君(현조고학생부군)(祖妣祭면 顯祖妣孺人 光山金氏) 諱日復臨(휘일부림) 追遠感時(추원감시) 不勝永慕(불승영모)

謹以(근이) 清酌庶羞(청작서수) 恭伸奠獻(공신전헌) 尙(상)

饗(향)

〈例四〉 男便忌祭祝

維歲次(유세차) 乙丑(을축) 十月(시월) 壬申朔(임신삭) 初二日(초이일) 癸酉(계유) 主婦(주부) ○(성) ○○(이름)

敢昭告于(감소고우)

顯辟學生府君(현벽학생부군) 歲序遷易(세서천역) 諱日復臨(휘일부림) 追遠感時(추원감시) 不勝感愴(불승감창)

謹以(근이) 清酌庶羞(청작서수) 恭伸奠獻(공신전헌) 尙(상)

饗(향)

【參考】

◎「學生」 대신 「處士」를 쓰기도 하며, 故人에게 官爵이 있으면 官爵을 쓴다。

◎祖父母·曾祖父母·高祖父母의 祝文도 父母의 祭祀 때의 祝文과 같은 書式이나 다만 祭位와 봉사자(奉祀者) 및 祝文의 一部分 등이 각각 寸數에 따라 달리 쓰이게 된다。

〈例五〉 妻忌祭祀

維歲次 辛未 三月 庚申朔 二十六日 乙酉 夫○○○

昭告于

亡室孺人 達城徐氏 歲序遷易 亡日復至 追遠感時 不自勝感

玆以 淸酌庶羞 伸此奠儀 尙

饗

〈例六〉 兄忌祭祀

維歲次 己未 三月 甲午朔 十六日 己酉 弟○○

敢昭告于

顯兄學生府君 歲序遷易 諱日復臨 情何悲痛

謹以 淸酌庶羞 恭伸奠獻 尙

饗

【解】
昊天罔極……부모의 은혜가 하늘과 같이 크고 넓어서 다함이 없음。
不勝感愴……슬픈 마음을 이기지 못함。
亡日復至……죽은 날이 다시 돌아옴。
不自勝感……스스로 많은 느낌을 이기지 못함。

◇二十四節候表◇

節候	陽曆	陰曆	節候	陽曆	陰曆
立春	2月 4～ 5日	1月	立秋	8月 8～ 9日	7月
雨水	2月19～20日	〃	處暑	8月23～24日	〃
驚蟄	3月 5～ 6日	2月	白露	9月 8～ 9日	8月
春分	3月21～22日	〃	秋分	9月23～24日	〃
清明	4月 5～ 6日	3月	寒露	10月 8～ 9日	9月
穀雨	4月20～21日	〃	霜降	10月23～24日	〃
立夏	5月 6～ 7日	4月	立冬	11月 7～ 8日	10月
小滿	5月21～22日	〃	小雪	11月22～23日	〃
芒種	6月 6～ 7日	5月	大雪	12月 7～ 8日	11月
夏至	6月21～22日	〃	冬至	12月22～23日	〃
小暑	7月 7～ 8日	6月	小寒	1月 6～ 7日	12月
大暑	7月23～24日	〃	大寒	1月20～21日	〃

◇陰曆 12箇月의 異稱◇

四季	月	異		稱
春	1	孟春	初春	元月·上春·青歲·寅月·端月·正月
	2	仲春		令月·仲陽·醋春·卯月·麗月·杏月
	3	季春	晩春	嘉月·暮春·花月·喜月·竹秋·桃月
夏	4	孟夏	初夏	乏月·余月·正陽·夏半·麥秋
	5	仲夏		星月·薰風·早月·皐月·蒲月
	6	季夏	晩夏	長夏·旦月·火月·焦月·林鐘
秋	7	孟秋	初秋	首秋·梧月·冷月·新秋·巧月·蘭秋
	8	仲秋		壯月·正秋·荻月·葉月·竹春·太衡
	9	季秋	晩秋	菊月·暮秋
冬	10	孟冬	初冬	吉月·上冬·小春
	11	仲冬		朔月·暢月·復月·子月
	12	季冬	晩冬	終月·極月·臘月·除月

◇天干 · 地支 및 六十甲子◇

1. **天　干**……육십 갑자(六十甲子)의 윗 단위를 이루는 요소로, 열 가지가 있으며, 합해서 십간(十干)이라 한다.

① 甲(갑)　⑥ 己(기)
② 乙(을)　⑦ 庚(경)
③ 丙(병)　⑧ 辛(신)
④ 丁(정)　⑨ 壬(임)
⑤ 戊(무)　⑩ 癸(계)

2. **地　支**……육십 갑자의 아랫 단위를 이루는 요소로, 열 두 가지가 있으며, 합해서 십이지(十二支)라 한다.

① 子(자…쥐)　⑦ 午(오…말)
② 丑(축…소)　⑧ 未(미…양)
③ 寅(인…범)　⑨ 申(신…원숭이)
④ 卯(묘…토끼)　⑩ 酉(유…닭)
⑤ 辰(진…용)　⑪ 戌(술…개)
⑥ 巳(사…뱀)　⑫ 亥(해…돼지)

3. **六十甲子**……십간(十干)과 십이지(十二支)를 순차로 배합하여 예순 가지로 늘어놓은 것인데, 그 배합 방식은 다음과 같다.

먼저, 첫째 천간(甲)과 첫째 지지(子), 둘째 천간(乙)과 둘째 지지(丑)를 조합하여 첫째와 둘째 육십 갑자(甲子와 乙丑)을 만들고, 이와 같은 차례로 내려가 열째 천간(癸)과 열째 지지(酉)로 열째 육십 갑자(癸酉)를 만든다. 다음에는 첫째 천간(甲)과 열한째 지지(戌), 둘째 천간(乙)과 열두째 지지(亥)로 열한째와 열두째 육십 갑자(甲戌과 乙亥)를 만들며, 그 다음에는 세째 천간(丙)과 첫째 지지(子)로 열세째 육십 갑자(丙子)를 만든다.

이와 같은 순차로 천간과 지지를 배합해 가면 예순째에는 열째 천간(癸)과 열두째 지지(亥)가 배합되어 육십 갑자의 맨끝(癸亥)이 된다.

① 甲子	⑪ 甲戌	㉑ 甲申	㉛ 甲午	㊶ 甲辰	51 甲寅
② 乙丑	⑫ 乙亥	㉒ 乙酉	㉜ 乙未	㊷ 乙巳	52 乙卯
③ 丙寅	⑬ 丙子	㉓ 丙戌	㉝ 丙申	㊸ 丙午	53 丙辰
④ 丁卯	⑭ 丁丑	㉔ 丁亥	㉞ 丁酉	㊹ 丁未	54 丁巳
⑤ 戊辰	⑮ 戊寅	㉕ 戊子	㉟ 戊戌	㊺ 戊申	55 戊午
⑥ 己巳	⑯ 己卯	㉖ 己丑	㊱ 己亥	㊻ 己酉	56 己未
⑦ 庚午	⑰ 庚辰	㉗ 庚寅	㊲ 庚子	㊼ 庚戌	57 庚申
⑧ 辛未	⑱ 辛巳	㉘ 辛卯	㊳ 辛丑	㊽ 辛亥	58 辛酉
⑨ 壬申	⑲ 壬午	㉙ 壬辰	㊴ 壬寅	㊾ 壬子	59 壬戌
⑩ 癸酉	⑳ 癸未	㉚ 癸巳	㊵ 癸卯	㊿ 癸丑	60 癸亥

三綱五倫 (삼강오륜)

父爲子綱 (부위자강) 아들은 아버지를 섬기는 근본이고

君爲臣綱 (군위신강) 신하는 임금을 섬기는 근본이고

夫爲婦綱 (부위부강) 아내는 남편을 섬기는 근본이다

君臣有義 (군신유의) 임금과 신하는 의가 있어야 하고

父子有親 (부자유친) 아버지와 아들은 친함이 있어야 하며

夫婦有別 (부부유별) 남편과 아내는 분별이 있어야 하며

長幼有序 (장유유서) 어른과 어린이는 차례가 있어야 하고

朋友有信 (붕우유신) 벗과 벗은 믿음이 있어야 한다

朱子十悔 (주자십회)

不孝父母死後悔 (불효부모사후회) 부모에게 효도하지 않으면 돌아가신 뒤에 뉘우친다

不親家族疎後悔 (불친가족소후회) 가족에게 친절하지 않으면 멀어진 뒤에 뉘우친다

少不勤學老後悔 (소불근학노후회) 젊을 때 부지런히 배우지 않으면 늙어서 뉘우친다

安不思難敗後悔 (안불사난패후회) 편할 때 어려움을 생각하지 않으면 실패한 뒤에 뉘우친다

富不儉用貧後悔 (부불검용빈후회) 편할 때 아껴 쓰지 않으면 가난한 후에 뉘우친다

春不耕種秋後悔 (춘불경종추후회) 봄에 종자를 갈지 않으면 가을에 뉘우친다

不治垣墻盜後悔 (불치원장도후회) 담장을 고치지 않으면 도적 맞은 후에 뉘우친다

色不謹愼病後悔 (색불근신병후회) 색을 삼가지 않으면 병든 후에 뉘우친다

醉中妄言醒後悔 (취중망언성후회) 술 취할 때 망령된 말은 술 깬 뒤에 뉘우친다

不接賓客去後悔 (부접빈객거후회) 손님을 접대하지 않으면 간 뒤에 뉘우친다